KB153272

베스트
BEST
중국어

2

베스트 BEST 중국어 ②

초판인쇄	2023년 8월 20일
초판발행	2023년 9월 10일

저자	최재영, 임미나, 안연진
편집	엄수연, 최미진, 연윤영, 高霞
펴낸이	엄태상
디자인	진지화
조판	이서영
콘텐츠 제작	김선웅, 장형진
마케팅본부	이승욱, 왕성석, 노원준, 조성민, 이선민
경영기획	조성근, 최성훈, 구희정, 김다미, 최수진, 오희연
물류	정종진, 윤덕현, 신승진, 구윤주

펴낸곳	시사중국어사(시사북스)
주소	서울시 종로구 자하문로 300 시사빌딩
주문 및 문의	1588-1582
팩스	0502-989-9592
홈페이지	http://www.sisabooks.com
이메일	book_chinese@sisadream.com
등록일자	1988년 2월 12일
등록번호	제300 - 2014 - 89호

ISBN 979-11-5720-246-1 14720
　　　979-11-5720-206-5 (set)

＊ 이 책의 내용을 사전 허가 없이 전재하거나 복제할 경우 법적인 제재를 받게 됨을 알려 드립니다.

＊ 잘못된 책은 구입하신 서점에서 교환해 드립니다.

＊ 정가는 표지에 표시되어 있습니다.

머리말

1990년대 이후 중국의 경제적 부상과 더불어 국내에서도 중국에 대한 관심과 중국어를 배우고자 하는 열기가 크게 일었고 중국어 교재 시장도 괄목할 만한 성장을 거두었다. 이와 함께 중국어 학습이 전공자에 국한되지 않고 다양한 학습 동기와 목적에 따라 대중화됨에 따라 교재의 내용과 수준도 매우 다양해졌다. 그러나 지금까지 국내 중국어 교재 시장은 실제 중국인과 대화를 나눌 수 있는 의사소통 기능에 초점을 맞춘 회화 교재가 주를 이루고 있기 때문에, 중국어 학습자를 위한 종합적인 성격의 교재를 찾기는 쉽지 않은 편이다.

집필진은 문법과 독해 실력을 종합적으로 배양할 수 있는 전공 중국어 교재의 필요성에 공감하고, 오랜 시간 심도 있는 논의와 정리 그리고 퇴고를 거쳐 본 도서를 집필하였다. 다음은 본 도서의 특징이다.

1. 상황을 통한 문형과 대화 연습을 통해 중국어 회화 표현력과 의사소통 능력을 효과적으로 배양하도록 하였다.

2. 본문 독해의 주제와 내용을 다양화하고 주요 문법 포인트와 표현을 반복적으로 활용하여 학습이 유기적으로 연결되도록 하였다. 또한 독해문의 형식 역시 다양하게 제시하여 학습에 도움이 되도록 하였다.

3. 꼼꼼하고 체계적인 문법 설명을 앞서 배운 주요 예문과 함께 제시하여, 학습한 내용이 유기적으로 연결되고 나선형으로 심화될 수 있도록 하였다.

4. 어떤 언어를 이해하려면 그 언어를 사용하는 사람들의 사고방식이 반영된 문화적 특성도 함께 이해할 필요가 있다. 이런 점을 고려하여 중국 문화 소개 코너를 배치하여 개별적이고 구체적인 문화 항목을 다루었다.

5. 배우고 익힌 내용은 복습을 통해 더욱 기억에 오래 남고 또 그것을 적절하게 사용할 수 있게 된다. 이에 제7과와 제14과에 복습과를 두 번 배치하여 학습한 내용을 확실히 이해하고 자신의 것으로 소화할 수 있도록 하였다.

현재 많은 학습자가 회화 위주의 중국어 학습을 선호하지만, 문형-독해-문법에 대한 이해 없이 중고급 단계로 도약하기란 쉽지 않다. 모쪼록 본서가 중국어 실력 향상을 목표로 하는 학습자에게 'BEST' 최고의 선택이 되길 바란다.

마지막으로 출판 시장이 어려운 지금 흔쾌히 본서의 기획과 출판을 함께해 준 시사중국어사와 여러 차례의 수정 요청에도 늘 성심으로 응대해 준 편집자에게 진심 어린 감사의 마음을 전한다.

旺山 守愚齋에서 저자 일동

목차

제1과 　 我感冒了。 나는 감기에 걸렸어요. 11
Wǒ gǎnmào le.

제2과 　 他能用汉语写日记。 그는 중국어로 일기를 쓸 수 있어요. 　 25
Tā néng yòng Hànyǔ xiě rìjì.

제3과 　 姐姐的个子比我高。 언니의 키는 나보다 커요. 　 39
Jiějie de gèzi bǐ wǒ gāo.

제4과 　 您过得好吗? 잘 지내세요? 　 53
Nín guò de hǎo ma?

제5과 　 他可以休息一个星期。 그는 일주일 동안 쉴 수 있어요. 　 67
Tā kěyǐ xiūxi yí ge xīngqī.

제6과 　 我曾经去过北京。 나는 이전에 베이징에 가봤어요. 　 81
Wǒ céngjīng qù guo Běijīng.

제7과 　 복습 (제1~6과) 95

제8과 　 中国电影越看越有意思。 중국 영화는 볼수록 재미있어요. 107
Zhōngguó diànyǐng yuè kàn yuè yǒu yìsi.

제9과 　 我后天就要过生日了。 나 모레면 생일이야. 　 121
Wǒ hòutiān jiù yào guò shēngrì le.

제10과 　 我听不懂老师的话。 나는 선생님의 말씀을 이해할 수 없어요. 135
Wǒ tīng bu dǒng lǎoshī de huà.

제11과 　 我在听音乐呢。 나 음악 듣는 중이야. 　 147
Wǒ zài tīng yīnyuè ne.

제12과 　 我把手机放在桌子上了。 나는 휴대폰을 책상 위에 두었어요. 161
Wǒ bǎ shǒujī fàngzài zhuōzi shang le.

제13과 　 我的衣服被妹妹穿走了。 내 옷은 여동생이 입고 갔어요. 175
Wǒ de yīfu bèi mèimei chuānzǒu le.

제14과 　 복습 (제8~13과) 189

해석과 정답 201

학습 목표와 내용

과	학습 목표	주요 표현	학습 내용
1	① 상황의 변화 표현하기 ② 동작의 완료 또는 실현 표현하기 ③ 사물의 상태나 화자의 심리 상태가 도달한 정도 표현하기	• 我感冒了。 • 我今天不去上课了。 • 我吃了一片药。 • 我没(有)吃药。 • 我身体好多了。 • 今天天气好极了。	• 무주어문 • 어기조사 '了₂'와 '不……了₂' • 상조사 '了₁' • '没有'(2)를 사용한 부정과 의문 • 정도보어(1) '……极了/多了/死了' 中국 문화 6대 은행과 은행 계좌 만들기
2	① 능력, 허가의 의미 표현하기 ② 증가나 보충의 의미 표현하기 ③ 정도 표현하기	• 你会不会说汉语? • 我会说汉语，还会写汉字。 • 我刚开始学汉语，不能用汉语写日记。 • 现在不能进去，一会儿就可以进去了。 • 开车很好学。 • 这件衣服挺漂亮的。	• 조동사 '会'(1)과 '能' • 부사 '还'(1) • 형용사 '好'(1)과 '好+V' • 정도 표현 '挺……的' 中국 문화 동음이의어(谐音)
3	① 동작이나 행위의 결과 표현하기 ② 비교의 의미 표현하기 ③ 강조의 의미 표현하기	• 我听懂了老师的话。 • 我找到了我的手机。 • 我的笔记本电脑还没(有)修好。 • 这个问题我没有回答对，我回答错了。 • 她学习很努力，她比我更努力。 • 那里的风景可美了!	• 결과보어(1) '见, 懂, 完, 到', '好, 对, 错' • 차등비교구문(1) • 정도 표현 '可……了' 中국 문화 휴대폰 개통하기
4	① 동작의 상태 평가하기 ② 시간의 이름과 늦음 표현하기 ③ 감탄의 의미 나타내기	• 我昨天玩儿得很开心。 • 她说汉语说得很好。 • 他今天来得不晚。 • 九点开会，我八点就来了。 • 九点开会，他十点才来。 • 今天天气多好啊!	• 상태보어(1) • 부사 '就'(1)과 '才'(1) • 정도 표현 '多……啊!' 中국 문화 중국 경제의 중심, 上海

5	① 동작, 상태가 지속된 시간의 길이 표현하기 ② 정도, 수량 묻고 답하기 ③ 순차관계와 조건관계 표현하기	• 我工作了八个小时。 • 我学汉语学了六个月。 • 我坐了两个小时(的)火车。 • 我等了他三十分钟。 • 这些东西(有)多重? • 我一起床就去跑步。	• 시량보어(1) • '多+형용사' 의문문 • '(一)些'를 사용한 양사구 • 압축문 '一……就……' **중국 문화** 식사 문화와 메뉴 읽기
6	① 과거의 경험 묻고 답하기 ② 동작의 횟수 표현하기 ③ 동사를 중첩하여 표현하기 ④ 상대방의 의견을 묻거나 동의 구하기	• 我曾经去过上海。 • 我从来没(有)去过上海。 • 我来过两次中国。 • 这首歌我听过两遍。 • 我尝一尝，行吗? • 我最近工作特别忙，现在连周末都没有了。	• 상조사 '过' • 동량사 '次, 遍, 下' • 동사 중첩 • 부가의문문 • 강조 표현 '(连)……都/也……' **중국 문화** 대학 입시 제도와 명문 대학
7	복습 (제1~6과)		
8	① 동작의 방향 표현하기 ② 점층의 의미 나타내기	• 山上的风景太美了，你们也上来吧。 • 他带来了一些水果。 • 他回宿舍来了。 • 我这儿周末散步的人不多。 • 中国电影越看越有意思。 • 现在都十一点了，快去睡觉吧。	• 방향보어(1) • 관형어로 사용하는 '동사(구)' • 압축문 '越A越B' • 부사와 어기조사의 결합 '都……了' **중국 문화** 독특한 기념일
9	① 부탁이나 사역의 의미 표현하기 ② 동작, 행위나 상태가 가까운 미래에 일어날 것임을 표현하기 ③ 사실을 확인하는 질문하기	• 老师叫我回答这个问题。 • 爸爸不让我们这样做。 • 足球比赛要开始了。 • 你是不是要过生日了? • 我后天就要过生日了。 • 我觉得蓝的更好看。	• 특수구문 '겸어문'(1) • 임박상 • '是不是' 의문문 • '的'자구(2) **중국 문화** 붉은색을 좋아하는 중국인

10	① 어떤 동작의 결과를 만들어 낼 수 있는지 여부 표현하기 ② 주관적인 생각 나타내기	• 我听得懂老师的话。 • 我看不清楚黑板上的字。 • 吃饭前我们回得来。 • 这个问题我理解不了，我觉得太难了。 • 我以为他已经出国了，原来他还在国内。 • 作业还没(有)做完。	• 가능보어 'V+得/不+C', 'V+得/不+了' • 동사 '以为' • 부사 '还'(2) 중국 문화 빠른 말놀이(绕口令)
11	① 진행 중인 동작 표현하기 ② 두 가지 동작이 동시에 발생하는 것 표현하기 ③ 동시에 존재하는 성질이나 동작 표현하기	• 我在看电影(呢)。 • 我正在看电视(呢)。 • 昨天晚上你打电话的时候，我正在睡觉呢。 • 我一边听音乐，一边做作业。 • 她又聪明又用功。 • 还是上口语课吧，会说话很重要。	• 진행상 '동작의 진행' • 접속사 '(一)边……(一)边……' • 접속부사 '又……又……' • 부사 '还是' 중국 문화 아침 식사
12	① 동작의 대상에 어떤 변화가 생겼음을 표현하기 ② 시간의 양 표현하기 ③ 어떤 필요조건이 만족하면 결과가 발생함을 표현하기	• 她把这本书看完了。 • 我已经把晚饭做好了。 • 我把手机放在桌子上了。 • 我把朋友送到地铁站了。 • 手机找了半天也没找到。 • 只要看完那本书，她就会明白的。	• 특수구문 '把'구문(1) • 결과보어(2) '在, 到' • 시간량 '半天' • 접속어 '只要……, 就……' 중국 문화 캠퍼스 라이프
13	① 수동자가 주어로 출현하는 문장 표현하기 ② '的, 地, 得'의 용법 구분하여 표현하기 ③ 유일한 조건에서만 결과가 발생함을 표현하기	• 我的笔记本电脑被朋友借走了。 • 我被拒绝了。 • 他没(有)被老师批评。 • 雨伞叫/让哥哥拿走了。 • 弟弟在认真地看书。 • 你只有写完作业，才能看电视。	• 특수구문 '피동문' • 구조조사 '的, 地, 得'의 용법 • 접속어 '只有……, 才……' 중국 문화 중국 최대 명절, 春节
14	복습 (제8~13과)		

문형 학습

본 과의 주요 문형에 단어 및 구를 교체하여
다양한 문장으로 응용하며
말하기를 연습합니다.

독해

등장 인물들의 이야기로 구성된 일기,
소개 등의 독해문을 학습합니다.

문법 학습

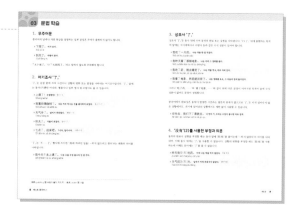

독해 속 중국어 문장의 주요 문법을 학습합니다.

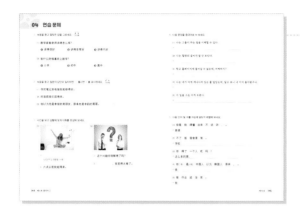

연습 문제

본 과에서 학습한 내용을 듣기, 쓰기의
문제 형식으로 복습합니다.

중국 문화

중국 전통 문화와 오늘날 중국의
다양한 생활 문화를 소개합니다.

복습

앞에서 학습한 6개 과의
단어, 문장, 주요 표현을 복습합니다.

등장인물

박지민
朴智敏 Piáo Zhìmǐn
한국 유학생

김윤서
金允瑞 Jīn Yǔnruì
한국 유학생

왕밍
王明 Wáng Míng
중국 학생

장옌
张燕 Zhāng Yàn
중국 학생

리리
李丽 Lǐ Lì
중국 학생

톰 그랜트
汤姆·格兰特 Tāngmǔ Gélántè
미국 유학생 ·박지민의 룸메이트

후안 카를로스
胡安·卡洛斯 Hú'ān Kǎluòsī
스페인 유학생

我感冒了。

나는 감기에 걸렸어요.

〈학습 목표〉

1. 상황의 변화 표현하기
2. 동작의 완료 또는 실현 표현하기
3. 사물의 상태나 화자의 심리 상태가
   도달한 정도 표현하기

문형 ① 我感冒了。 나는 감기에 걸렸다.

Wǒ gǎnmào le.
01-01

发烧 fā shāo 열이 나다

咳嗽 késou 기침하다

头疼 tóuténg 머리가 아프다

A 你怎么了? 너 왜 그래?
Nǐ zěnme le?

B 我感冒了。 나 감기 걸렸어.
Wǒ gǎnmào le.

문형 ② 我今天不去上课了。 나는 오늘 수업 들으러 안 갈 거다.

Wǒ jīntiān bú qù shàng kè le.
01-02

去上班 qù shàng bān 출근하다

去报名 qù bào míng 등록하러 가다

去找她 qù zhǎo tā 그녀를 찾아가다

A 你今天要去上课吗? 너 오늘 수업 들으러 갈 거야?
Nǐ jīntiān yào qù shàng kè ma?

B 我今天不去上课了。 나 오늘 수업 들으러 안 갈 거야.
Wǒ jīntiān bú qù shàng kè le.

感冒 gǎnmào 명 동 감기(에 걸리다) │ 了 le 조 ~되었다 사건이나 상황의 변화 또는 발생을 나타냄 │ 发烧 fā//shāo 동 열이 나다 发高烧 │ 咳嗽 késou 명 동 기침(하다) │ 头疼 tóuténg 명 두통 형 머리가 아프다, 골치가 아프다 │ 报名 bào//míng 동 신청하다, 지원하다, 등록하다 报了名

我 吃 了 一 片 药。 나는 약을 한 알 먹었다.

Wǒ chī le yí piàn yào.

01-03

医生 Yīshēng	의사	开 kāi	발급하다	两个药方 liǎng ge yàofāng	처방전 두 개
他 Tā	그	买 mǎi	사다	三斤苹果 sān jīn píngguǒ	사과 세 근
她 Tā	그녀	喝 hē	마시다	一瓶水 yì píng shuǐ	물 한 병

 你吃了几片药? 너 약 몇 알 먹었니?
Nǐ chī le jǐ piàn yào?

我吃了一片药。 나 약 한 알 먹었어.
Wǒ chī le yí piàn yào.

我 没(有)吃 药。 / 我 吃 药 了。

Wǒ méi(yǒu) chī yào. / Wǒ chī yào le.

01-04

나는 약을 먹지 않았다. / 나는 약을 먹었다.

吃早饭 chī zǎofàn   아침 밥을 먹다

量体温 liáng tǐwēn   체온을 재다

请假 qǐng jià   휴가를 내다

 你吃药了没有? 너 약 먹었니 안 먹었니?
Nǐ chī yào le méiyǒu?

我没(有)吃药。 / 我吃药了。 나 약 안 먹었어. / 나 약 먹었어.
Wǒ méi(yǒu) chī yào. / Wǒ chī yào le.

片 piàn 양 개, 알, 조각 얇고 작은 사물이나 작게 잘린 부분을 세는 단위 | **药** yào 명 약 | **开** kāi 동 (처방전을) 발급하다 |
药方 yàofāng 명 처방, 처방전 | **没(有)** méi(yǒu) 부 ~않다 이미 발생한 사건을 부정하거나 아직 사건이 발생하지 않았음을
나타냄 | **量** liáng 동 재다, 측정하다 | **体温** tǐwēn 명 체온 | **请假** qǐng//jià 동 휴가를 내다, (결석·결근·조퇴·외출 등의) 허
가를 신청하다 请三天假

문형 5

我 身体 好 多了。 나는 몸이 많이 나아졌다.

Wǒ shēntǐ hǎo duōle.

 01-05

他 Tā	그	今天 jīntiān	오늘	高兴 gāoxìng	기쁘다	极了 jíle	몹시
今天 Jīntiān	오늘	天气 tiānqì	날씨	热 rè	덥다	死了 sǐle	몹시
我 Wǒ	나	现在 xiànzài	지금	累 lèi	피곤하다	死了 sǐle	몹시

A 你身体怎么样? 너 몸은 어때?
Nǐ shēntǐ zěnmeyàng?

B 我身体好多了。 나 몸이 많이 나아졌어.
Wǒ shēntǐ hǎo duōle.

多了 duōle 너무, 대단히 성질이나 상태를 나타내는 형용사나 동사의 뒤에 붙여 그 정도가 심함을 나타냄 | 极了 jíle 극히, 아주, 몹시 성질이나 상태를 나타내는 형용사나 동사의 뒤에 붙여 그 정도가 심함을 나타냄 | 天气 tiānqì 명 날씨, 일기 | 热 rè 형 덥다, 뜨겁다 | 死了 sǐle 아주, 몹시, ~죽겠다 성질이나 상태를 나타내는 형용사나 동사의 뒤에 붙여 그 정도가 심함을 나타냄

독해1 🎧 01-06

前几天下雨了，下雨后天气很冷。学校很多同学
Qián jǐ tiān xià yǔ le, xià yǔ hòu tiānqì hěn lěng. Xuéxiào hěn duō tóngxué

咳嗽、发烧。王明也从昨天晚上开始发烧，今天起床后
késou, fā shāo. Wáng Míng yě cóng zuótiān wǎnshang kāishǐ fā shāo, jīntiān qǐ chuáng hòu

也很严重，所以他要去医院看病，不去上课了。医生说
yě hěn yánzhòng, suǒyǐ tā yào qù yīyuàn kàn bìng, bú qù shàng kè le. Yīshēng shuō

王明感冒了，但是没有什么大问题，然后给他开了药方，
Wáng Míng gǎnmào le, dànshì méi yǒu shénme dà wèntí, ránhòu gěi tā kāi le yàofāng,

告诉他要多喝水、多休息。
gàosu tā yào duō hē shuǐ, duō xiūxi.

독해1 확인 학습

1. 다음 중 왕밍의 증상에 해당하는 것은 무엇입니까?
   ① 头疼　　　　　　　② 咳嗽　　　　　　　③ 发烧

2. 다음 중 의사 선생님이 왕밍에게 한 말이 <u>아닌</u> 것은 무엇입니까?
   ① 感冒了　　　　　　② 很严重　　　　　　③ 多喝水、多休息

下雨 xià//yǔ 동 비가 내리다 下大雨 | 冷 lěng 형 춥다, 쌀쌀하다 | 严重 yánzhòng 형 심각하다 | 所以 suǒyǐ 접 그래서, 그런 까닭에 | 看病 kàn//bìng 동 진찰/진료하다(받다) 给他看病 | 问题 wèntí 명 문제, 질문 | 告诉 gàosu 동 알리다, 말하다 | 要 yào 조동 ~해야만 한다

感冒

星期三下课后，我去咖啡厅打工。那时突然下雨了，
Xīngqīsān xià kè hòu, wǒ qù kāfēitīng dǎ gōng. Nàshí tūrán xià yǔ le,

我没带雨伞，我的衣服都湿了。下班回家后觉得有点儿
wǒ méi dài yǔsǎn, wǒ de yīfu dōu shī le. Xià bān huí jiā hòu juéde yǒudiǎnr

头疼，不过我没吃药。睡觉时觉得很冷，我没量体温，
tóuténg, búguò wǒ méi chī yào. Shuì jiào shí juéde hěn lěng, wǒ méi liáng tǐwēn,

但我觉得我发烧了。
dàn wǒ juéde wǒ fā shāo le.

星期四早上起床后，开始咳嗽，我向老师请假，去
Xīngqīsì zǎoshang qǐ chuáng hòu, kāishǐ késou, wǒ xiàng lǎoshī qǐng jià, qù

医院看病，不去上课了。医生检查后，告诉我要多
yīyuàn kàn bìng, bú qù shàng kè le. Yīshēng jiǎnchá hòu, gàosu wǒ yào duō

喝水、多休息。我回家以后，吃了一片药，就睡觉了。
hē shuǐ, duō xiūxi. Wǒ huí jiā yǐhòu, chī le yí piàn yào, jiù shuì jiào le.

打工 dǎ//gōng 동 아르바이트하다 打一天工 | 那时 nàshí 대 그때, 그 당시 | 突然 tūrán 부 갑자기, 별안간 | 带 dài 동 휴대하다, 지니다 | 雨伞 yǔsǎn 명 우산 | 湿 shī 동 적시다, 젖다 | 但 dàn 접 그러나, 그렇지만 | 检查 jiǎnchá 동 검사하다, 조사하다

第二天觉得身体好多了。外边天气也非常好，不冷
Dì èr tiān juéde shēntǐ hǎo duōle.　　　Wàibian tiānqì yě fēicháng hǎo,　　bù lěng

不热。下课后和朋友去看了电影，我的心情好极了！
bú rè.　　Xià kè hòu hé péngyou qù kàn le diànyǐng,　　wǒ de xīnqíng hǎo jíle!

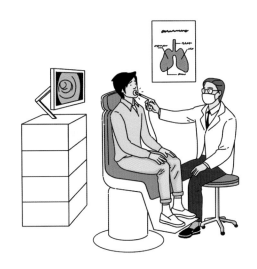

**독해 2
확인 학습**

1. 다음 중 내가 수요일에 한 일이 <u>아닌</u> 것은 무엇입니까?
　① 去咖啡厅打工　　　② 去医院看病　　　③ 上课

2. 다음 중 의사 선생님이 나에게 한 말은 무엇입니까?
　① 量体温　　　② 吃药、睡觉　　　③ 多喝水、多休息

3. 나의 몸이 많이 좋아진 요일은 언제입니까?
　① 星期五　　　② 星期六　　　③ 星期天

心情 xīnqíng 명 마음, 기분

1. 무주어문

중국어의 날씨나 자연 현상을 설명하는 일부 문장은 주어가 출현하지 않기도 합니다.

▶ 下雨了。 비가 온다.
　Xià yǔ le.

▶ 刮风了。 바람이 분다.
　Guā fēng le.

'＊天下雨了。'나 '＊天刮风了。'라고 말하지 않도록 주의해야 합니다.

2. 어기조사 '了₂'

'了₂'는 문장 끝에 쓰여 사건이나 상황의 변화 또는 발생을 나타내는 어기조사입니다. '了₂' 앞에는 동사(구)뿐만 아니라, 형용사나 일부 명사 및 수량사도 올 수 있습니다.

▶ 上课了！ 수업한다! 　동사+了₂
　Shàng kè le!

▶ 我喜欢喝咖啡了。 나는 커피 마시는 것을 좋아하게 되었다. 　동사구+了₂
　Wǒ xǐhuan hē kāfēi le.

▶ 天气冷了。 날씨가 추워졌다. 　형용사+了₂
　Tiānqì lěng le.

▶ 秋天了。 가을이 되었다. 　명사+了₂
　Qiūtiān le.

▶ 七点了，起床吧。 7시다, 일어나자. 　수량사+了₂
　Qī diǎn le, qǐ chuáng ba.

'了₂'는 '不……了₂' 형식에 쓰이면 '(원래 하려던 일을) ～하지 않으려고 한다'라는 변화의 의미를 나타냅니다.

▶ 我今天不去上课了。 나는 오늘 수업 들으러 안 갈 거다.
　Wǒ jīntiān bú qù shàng kè le.

刮风 guā//fēng 동 바람이 불다 刮大风 ｜ 秋天 qiūtiān 명 가을

3. 상조사 '了₁'

상조사 '了₁'은 동사 뒤에 쓰여 동작의 완료 또는 실현을 나타냅니다. 'V+了₁' 뒤에 출현하는 목적어 앞에는 지시대체사나 수량사 등과 같은 수식 성분이 있어야 합니다.

> 我吃了一片药。 나는 약을 한 알 먹었다.
> Wǒ chī le yí piàn yào.

> 我昨天看了那部电影。 나는 어제 그 영화를 봤다.
> Wǒ zuótiān kàn le nà bù diànyǐng.

> 我吃了药，就去睡觉了。 나는 약을 먹고, 바로 자러 갔다.
> Wǒ chī le yào, jiù qù shuì jiào le.

> 我看了电影，然后就回家了。 나는 영화를 보고, 그 다음에 집에 돌아갔다.
> Wǒ kàn le diànyǐng, ránhòu jiù huí jiā le.

그러나 '吃了药, ……'와 '看了电影, ……'와 같이 뒤에 다른 문장이 이어지면 목적어 앞에 수식 성분이 없어도 문장이 성립합니다.

중국어에서 완료상은 동작이 발생한 시간과는 필연적 관계가 없으므로 '了₁'은 아직 일어나지 않은 상황에서도, 과거에 일어났던 상황에서도 제한 없이 사용할 수 있습니다.

> 你先去，我们下了课就去。 너 먼저 가, 우리는 수업이 끝나면 바로 갈게.
> Nǐ xiān qù, wǒmen xià le kè jiù qù.

4. '没有'(2)를 사용한 부정과 의문

동작의 완료나 실현을 부정할 때는 동사 앞에 '没(有)'를 붙이는데 '~하지 않았다'의 의미를 나타내며, 이때 동사 뒤에는 '了₁'을 사용할 수 없습니다. 상황의 변화를 부정할 때도 没(有)를 사용하는데 이때도 문미에는 '了'를 쓸 수 없습니다.

> 昨天我没(有)吃药。 어제 나는 약을 먹지 않았다. 완료 부정
> Zuótiān wǒ méi(yǒu) chī yào.

> 天气还没(有)冷。 날씨가 아직 추워지지 않았다. 변화 부정
> Tiānqì hái méi(yǒu) lěng.

동작의 완성이나 실현의 여부를 묻는 의문문은 'V+没(有)+V(O)?' 또는 'V+(O)+了没有?' 형식
으로 만듭니다.

▶ 你吃没吃药? / 你吃药了没有?　너 약 먹었니 안 먹었니?
　 Nǐ chī méi chī yào? / Nǐ chī yào le méiyǒu?

상황에 변화가 발생했는지 묻는 의문문은 문장 끝에 '吗'를 붙이거나 '没有'를 붙여 만듭니다.

▶ 你们下课了吗?　너희들 수업 끝났니?
　 Nǐmen xià kè le ma?

▶ 你们下课了没有?　너희들 수업 끝났니 안 끝났니?
　 Nǐmen xià kè le méiyǒu?

5. 정도보어(1) '……极了/多了/死了'

'형용사+极了/多了/死了'는 정도가 매우 심함을 나타내는데, 이 표현은 '非常+형용사'보다 정도
성이 더 큽니다.

▶ 他高兴极了。　그는 몹시 기뻤다(기쁘다).
　 Tā gāoxìng jíle.

▶ 我身体好多了。　나는 몸이 많이 나아졌다.
　 Wǒ shēntǐ hǎo duōle.

▶ 我饿死了。　나 배고파 죽겠다.
　 Wǒ è sǐle.

04 연습 문제

1. 녹음을 듣고 알맞은 답을 고르세요. 🎧 01-08

   (1) 王明从什么时候开始发烧?

   ❶ 前天   ❷ 昨天   ❸ 今天

   (2) 医生告诉王明什么?

   ❶ 多喝水、多休息   ❷ 下雨后天气很冷   ❸ 学校很多同学咳嗽、发烧

   > tip '什么时候 shénme shíhou'는 '언제'라는 뜻을 나타내며,
   > '前天 qiántiān'은 '그저께'라는 뜻을 나타냅니다.

2. 녹음을 듣고 질문의 답안과 일치하면 ○, 틀리면 ✕를 표시하세요. 🎧 01-09

   (1) 我感冒了。

   (2) 我今天不去上班了。

   (3) 我身体好多了。

3. 사진을 보고 상황에 맞게 대화를 완성해 보세요.

   (1)

   A: _____

   B: 医生开了两个药方。

   (2)

   A: 你吃早饭了没有?

   B: _____

4. 다음 문장을 중국어로 써 보세요.

(1) 나는 열이 난다.

>> _____

(2) 나는 오늘 수업 들으러 안 갈 거다.

>> _____

(3) 나 배고파 죽겠다.

>> _____

(4) 너 오늘 물 몇 병 마셨니?

>> _____

(5) 오늘 날씨가 몹시 좋다.

>> _____

5. 다음 단어 및 구를 어순에 알맞게 배열해 보세요.

(1) 下雨 / 几天 / 了 / 。

>> 前 _____

(2) 了 / 没有 / 下课 / ?

>> 你们 _____

(3) 那部 / 看 / 电影 / 昨天 / 了 / 。

>> 我 _____

(4) 了(2회) / 去 / 就 / 吃 / 睡觉 / 药 / , / 。

>> 我 _____

(5) 死了 / 现在 / 累 / 。

>> 我 _____

중국 문화

중국 6대 은행과 은행 계좌 만들기

✦ **중국의 6대 은행**

한국의 '한국은행'에 해당하는 중국의 중앙은행은 中国人民银行 Zhōngguó Rénmín Yínháng 으로 중앙은행을 줄여서 央行 Yānghàng 이라고 부르기도 한다. 중국 6대 은행은 中国建设银行 Zhōngguó Jiànshè Yínháng, 中国工商银行 Zhōngguó Gōngshāng Yínháng, 中国农业银行 Zhōngguó Nóngyè Yínháng, 中国邮政储蓄银行 Zhōngguó Yóuzhèngchǔxù Yínháng, 交通银行 Jiāotōng Yínháng, 中国银行 Zhōngguó Yínháng 으로, 이들은 모두 중국 전역에 지점이 있는 국영 상업 은행이다.

중국 시중 은행의 로고

✦ **중국 은행에서 계좌 개설하기**

중국 시중 은행에서 업무를 보기 위해서는 번호표를 발급받아 대기하다가, 은행 창구 상단에 표시되는 순서에 따라 해당 창구로 가면 된다. 중국의 은행 창구는 전면이 방탄유리로 되어 있으며 현금이나 서류 제출을 위한 작은 구멍이 창구 하단에 마련되어 있다.

중국은 이미 微信支付나 支付宝를 통한 QR 결제 방식이 보편화되어 실제 생활에서는 현금을 거의 사용하지 않는다. 신용카드 사용이 가능하기는 하지만, 음식 주문이나 입장권 판매 등을 전자 결제 시스템을 통해서만 등록 구입이 가능하게 한 곳들이 점차 늘어나고 있기 때문에 微信支付나 支付宝가 없으면 중국 생활이 상당히 불편해질 수 있다. 전자상거래 사용을 위해서는 개인명의 은행 계좌를 연동해야만 하는데, 이를 위해서는 은행 계좌 개설이 반드시 필요하다.

중국 은행에서 계좌를 개설하기 위해서는 개인 인증을 위한 휴대폰 번호, 신분증을 지참하고 직접 은행 창구를 방문해야 한다. 외국인은 유효한 여권과 6개월 이상의 비자, 실거주지 주소가 필수적으로 필요하고, 때에 따라 재학증명서나 재직증명서를 추가로 요구하기도 한다. 외국인은 중국 은행에서 통장 개설을 위한 절차나 필요 서류 등이 수시로 변경되는 경우가 많아서 미리 확인하고 준비해 가는 것이 좋다.

최근 들어 중국에서는 종이 통장의 발급 비율이 낮아졌다. 계좌 개설 시에는 주로 은행 카드를 발급받는데, 은행 카드는 즉시 발급되기도 하고 일주일에서 한 달 정도를 기다려야 하는 경우도 있다. 개인 계좌가 개설되면 앱을 통한 거래는 바로 가능하므로 본인의 계좌를 자신이 이용하고자 하는 결제 시스템에 바로 연동할 수 있다.

✦ 중국 은행 ATM

중국 은행 ATM

은행 카드가 발급되면 바로 ATM 사용이 가능하다. 중국 ATM은 출금만 가능한 기계와 입출금이 모두 가능한 기계가 분리되어 있다. 출금만 가능한 기기를 自动取款机라고 하고, 입출금이 모두 가능한 기계를 存取款一体机 cúnqǔ kuǎn yìtǐjī 라고 한다.

주의할 점은 중국 ATM은 사용 종료 후, 반드시 退卡 tuì kǎ 버튼을 눌러야 한다는 것이다. 退卡 버튼을 누르지 않으면 ATM 기계 안으로 카드가 넘어가는데, 다시 은행 카드를 회수하려면 은행에서 지정한 요일과 시간에 맞춰 지정 지점에 직접 방문해야 하므로 반드시 주의하자!

중국 ATM 사용 시 유용한 단어

단어	발음	뜻
存款	cún kuǎn	저금(하다), 예금(하다)
取款	qǔ kuǎn	인출(하다), 출금(하다)
退卡	tuì kǎ	(ATM 업무 사용 종료 후) 카드(를) 회수(하다)
银联卡	yínlián kǎ	은련카드, UNION PAY(중국 88개 은행이 출자해서 만든 카드)
账户	zhànghù	계좌, 구좌
账户余额	zhànghù yú'é	계좌 잔액
转账	zhuǎn zhàng	계좌 이체(하다)

他能用汉语写日记。

그는 중국어로 일기를 쓸 수 있어요.

《 학습 목표 》

❶ 능력, 허가의 의미 표현하기

❷ 증가나 보충의 의미 표현하기

❸ 정도 표현하기

문형 ❶

我不会说英语，可是我会说汉语。

Wǒ bú huì shuō Yīngyǔ, kěshì wǒ huì shuō Hànyǔ.

02-01 나는 영어는 할 줄 모르지만, 중국어는 할 줄 안다.

唱中文歌 chàng Zhōngwén gē	중국어 노래를 부르다	唱英文歌 chàng Yīngwén gē	영어 노래를 부르다
做中国菜 zuò Zhōngguócài	중국 요리를 하다	做韩国菜 zuò Hánguócài	한국 요리를 하다
开车 kāi chē	운전하다	骑电动车 qí diàndòngchē	전동 오토바이를 타다

A 你会不会说英语? 너 영어 할 줄 아니 모르니?
Nǐ huì bu huì shuō Yīngyǔ?

我不会说英语，可是我会说汉语。 **B**
Wǒ bú huì shuō Yīngyǔ, kěshì wǒ huì shuō Hànyǔ.
나는 영어는 할 줄 모르지만, 중국어는 할 줄 알아.

 문형 ❷

我会说汉语，还会写汉字。

Wǒ huì shuō Hànyǔ, hái huì xiě Hànzì.

02-02 나는 중국어를 할 줄 알고, 한자도 쓸 줄 안다.

弹钢琴 tán gāngqín	피아노 치다	弹吉他 tán jítā	기타 치다
唱歌 chàng gē	노래 부르다	跳舞 tiào wǔ	춤추다
打篮球 dǎ lánqiú	농구하다	踢足球 tī zúqiú	축구하다

A 你会说汉语吗? 너 중국어 할 줄 아니?
Nǐ huì shuō Hànyǔ ma?

我会说汉语，还会写汉字。 **B**
Wǒ huì shuō Hànyǔ, hái huì xiě Hànzì.
나는 중국어를 할 줄 알고, 한자도 쓸 줄 알아.

会 huì 조동 (배워서) ~할 줄 안다, ~할 수 있다 | 可是 kěshì 접 그러나, 하지만 | 唱 chàng 동 노래하다 | 歌 gē 명 노래 |
开车 kāi//chē 동 차를 몰다, 운전하다 开过车 | 骑 qí 동 (자전거·킥보드·오토바이 등을) 타다 | 电动车 diàndòngchē 전동
차 전기를 주전력으로 사용하는 모든 운송기구를 총칭 | 弹 tán 동 (악기를) 치다, 연주하다 | 钢琴 gāngqín 명 피아노 | 吉
他 jítā 명 기타 | 跳舞 tiào//wǔ 동 춤추다 跳一下舞 | 打 dǎ 동 (운동을) 하다 | 篮球 lánqiú 명 농구 | 踢 tī 동 (공을) 차
다 | 足球 zúqiú 명 축구, 축구공

我刚开始学汉语，不能用汉语写日记。

02-03

Wǒ gāng kāishǐ xué Hànyǔ, bù néng yòng Hànyǔ xiě rìjì.

나는 막 중국어를 배우기 시작해서, 중국어로 일기를 쓸 수 없다.

不爱吃辣的 bú ài chī là de	매운 것 먹는 것을 안 좋아하다	吃麻辣烫 chī málàtàng	마라탕을 먹다
今天有点儿忙 jīntiān yǒudiǎnr máng	오늘 좀 바쁘다	和你一起去 hé nǐ yìqǐ qù	너와 함께 가다
身体不舒服 shēntǐ bù shūfu	몸이 안 좋다	去上班 qù shàng bān	출근하다

 你能不能用汉语写日记? 너 중국어로 일기 쓸 수 있니 없니?
Nǐ néng bu néng yòng Hànyǔ xiě rìjì?

我刚开始学汉语，不能用汉语写日记。 **B**
Wǒ gāng kāishǐ xué Hànyǔ, bù néng yòng Hànyǔ xiě rìjì.
나는 막 중국어를 배우기 시작해서, 중국어로 일기 쓸 수 없어.

现在不能进去，一会儿就可以进去了。

02-04

Xiànzài bù néng jìnqù, yíhuìr jiù kěyǐ jìnqù le.

지금은 들어갈 수 없고, 잠시 뒤에 들어갈 수 있습니다.

星期一 Xīngqīyī	월요일	请假 qǐng jià	휴가를 내다	星期二 xīngqī'èr	화요일
五点以前 Wǔ diǎn yǐqián	5시 이전	下班 xià bān	퇴근하다	五点以后 wǔ diǎn yǐhòu	5시 이후
今天 Jīntiān	오늘	回老家 huí lǎojiā	본가에 돌아가다	明天 míngtiān	내일

 现在能不能进去? 지금 들어가도 되나요 안 되나요?
Xiànzài néng bu néng jìnqù?

不行，现在不能进去，一会儿就可以进去了。
Bù xíng, xiànzài bù néng jìnqù, yíhuìr jiù kěyǐ jìnqù le.
안 됩니다. 지금은 들어갈 수 없고, 잠시 뒤에 들어갈 수 있습니다.

刚 gāng 부 지금, 막 | 用 yòng 동 사용하다, 쓰다 | 日记 rìjì 명 일기 | 进去 jìnqù 동 들어가다 | 一会儿 yíhuìr 명 잠시, 곧 | 老家 lǎojiā 명 고향(집), 본가

문형 5

开车很好学，挺容易的。 운전은 배울 만하고, 아주 쉽다.

 02-05
Kāi chē hěn hǎo xué, tǐng róngyì de.

这个菜 Zhè ge cài	이 요리	吃 chī	먹다	便宜 piányi	저렴하다
这首歌 Zhè shǒu gē	이 노래	听 tīng	듣다	不错 búcuò	괜찮다
这个游戏 Zhè ge yóuxì	이 게임	玩儿 wánr	놀다	流行 liúxíng	유행하다

A 开车好学不好学？ / 开车好不好学？ 운전은 배울 만하니 안 하니?
Kāi chē hǎo xué bù hǎo xué? / Kāi chē hǎo bu hǎo xué?

B 开车很好学，挺容易的。 운전은 배울 만하고, 아주 쉬워.
Kāi chē hěn hǎo xué, tǐng róngyì de.

好 hǎo 형 ~하기 좋다, ~하기 쉽다 '好+V'의 형태로 사용함 | 挺 tǐng 부 매우, 아주, 대단히 | 容易 róngyì 형 쉽다, 용이하다 |
首 shǒu 양 곡, 수 시·노래 등을 세는 단위 | 不错 búcuò 형 괜찮다, 좋다 | 流行 liúxíng 명 동 유행(하다)

독해1 🎧 02-06

我有很多爱好，最大的爱好是学习外语。我会说
Wǒ yǒu hěn duō àihào, zuì dà de àihào shì xuéxí wàiyǔ. Wǒ huì shuō

英语，还会说日语，几个月前我又开始学习汉语。汉语
Yīngyǔ, hái huì shuō Rìyǔ, jǐ ge yuè qián wǒ yòu kāishǐ xuéxí Hànyǔ. Hànyǔ

发音挺难的，所以我每天都努力练习。现在我能说一些
fāyīn tǐng nán de, suǒyǐ wǒ měitiān dōu nǔlì liànxí. Xiànzài wǒ néng shuō yìxiē

简单的日常用语，但还不能用汉语写日记。所以我要
jiǎndān de rìcháng yòngyǔ, dàn hái bù néng yòng Hànyǔ xiě rìjì. Suǒyǐ wǒ yào

努力学习，希望几个月后能用汉语写日记。我还喜欢听
nǔlì xuéxí, xīwàng jǐ ge yuè hòu néng yòng Hànyǔ xiě rìjì. Wǒ hái xǐhuan tīng

音乐、看电影、运动等，所以我每天都挺忙的。
yīnyuè, kàn diànyǐng, yùndòng děng, suǒyǐ wǒ měitiān dōu tǐng máng de.

**독해1
확인 학습**

1. 다음 중 나의 취미가 <u>아닌</u> 것은 무엇입니까?
   ① 写日记 ② 看电影 ③ 听音乐

2. 내가 할 줄 아는 외국어는 몇 개입니까?
   ① 两个 ② 三个 ③ 四个

外语 wàiyǔ 명 외국어 | **又** yòu 부 또, 다시 | **发音** fāyīn 명 발음 | **练习** liànxí 명 동 연습(하다), 익히다 | **简单** jiǎndān 형 간단하다, 단순하다 | **日常用语** rìcháng yòngyǔ 일상 용어 | **希望** xīwàng 명 동 희망(하다), 바라다

胡安每天都做些什么？

胡安来中国留学半年了，他每天的生活都很忙。
Hú'ān lái Zhōngguó liú xué bàn nián le, tā měitiān de shēnghuó dōu hěn máng.

他上午在学校学习汉语，上课的时候他非常努力，
Tā shàngwǔ zài xuéxiào xuéxí Hànyǔ, shàng kè de shíhou tā fēicháng nǔlì,

总是第一个回答老师的问题。
zǒngshì dì yī ge huídá lǎoshī de wèntí.

下午没有课，但是他做的事更多。每个星期一、
Xiàwǔ méi yǒu kè, dànshì tā zuò de shì gèng duō. Měi ge xīngqīyī,

三、五在学校学习书法。胡安会写汉字，可是他觉得
sān, wǔ zài xuéxiào xuéxí shūfǎ. Hú'ān huì xiě Hànzì, kěshì tā juéde

自己的汉字不好看，所以他在书法课上努力练习。最近
zìjǐ de Hànzì bù hǎokàn, suǒyǐ tā zài shūfǎ kè shang nǔlì liànxí. Zuìjìn

他的汉字漂亮多了，胡安非常高兴。
tā de Hànzì piàoliang duōle, Hú'ān fēicháng gāoxìng.

时候 shíhou 명 때, 무렵 | **总是** zǒngshì 부 언제나, 늘 | **回答** huídá 명 동 대답(하다) | **事** shì 명 일, 사건, 업무 | **更** gèng 부 더욱, 더 | **每** měi 대 매, ~마다, 모두 | **书法** shūfǎ 명 서예 | **自己** zìjǐ 대 자기, 자신 | **最近** zuìjìn 명 최근, 요즘 | **漂亮** piàoliang 형 예쁘다, 아름답다

胡安每天看中国电视剧、听中文歌。他会唱几首
Hú'ān měitiān kàn Zhōngguó diànshìjù,　tīng Zhōngwén gē. Tā huì chàng jǐ shǒu

中文歌，可是他的听力不太好，看中国电视剧还很难。
Zhōngwén gē,　kěshì tā de tīnglì bú tài hǎo,　kàn Zhōngguó diànshìjù hái hěn nán.

胡安，加油！
Hú'ān,　jiā yóu!

독해2 확인 학습

1. 후안은 언제 중국에 왔습니까?
　① 半年前　　　② 一年前　　　③ 两年前

2. 다음 중 후안이 배우지 <u>않는</u> 것은 무엇입니까?
　① 汉语　　　② 书法　　　③ 唱歌

3. 다음 중 후안이 매일 하는 것에 해당하지 <u>않는</u> 것은 무엇입니까?
　① 听中文歌　　　② 练习书法　　　③ 看中国电视剧

电视剧 diànshìjù 명 드라마 ｜ 加油 jiā//yóu 동 격려하다, 응원하다 再加点油

1. 조동사 '会' (1)

'会'는 학습을 통해 어떤 기능을 할 줄 알게 된 경우에 사용하는 조동사로, 부정은 '不会'를 사용합니다.

▶ 我会说汉语，可是我不会说英语。 나는 중국어는 할 줄 알지만, 영어는 할 줄 모른다.
  Wǒ huì shuō Hànyǔ, kěshì wǒ bú huì shuō Yīngyǔ.

'会'는 '능숙하다, 잘하다'라는 뜻의 동사로도 쓰이는데, 이때 '会' 앞에는 주로 '很'이 오는 경우가 많습니다.

▶ 我很会做菜。 나는 요리를 잘 한다.
  Wǒ hěn huì zuò cài.

▶ 我爸爸很会买东西。 우리 아빠는 물건 사는 것에 능숙하시다.
  Wǒ bàba hěn huì mǎi dōngxi.

▶ 他很会拍照。 그는 사진을 잘 찍는다.
  Tā hěn huì pāi zhào.

조동사 '会'는 문장 끝에 '吗'를 붙이거나 '会不会'의 형태로 의문을 나타낼 수 있으며, 질문에 대한 대답으로 쓰일 때는 단독 사용이 가능합니다.

▶ A: 你会开车吗？ / 你会不会开车？ 너 운전할 줄 아니? / 너 운전할 줄 아니 모르니?
  Nǐ huì kāi chē ma? / Nǐ huì bu huì kāi chē?

  B: 我会开车。 / 会。 나 운전할 줄 알아. / 할 줄 알아.
  Wǒ huì kāi chē. / Huì.

2. 조동사 '能'

조동사 '能'은 선천적인 능력이나 학습 후의 구체적인 능력을 나타내거나, 시간이나 능력적으로 가능한 객관적인 조건을 갖추고 있음을 나타냅니다. 부정은 '不能'을 사용합니다.

▶ 鸟为什么能飞？ 새는 왜 날 수 있을까?
  Niǎo wèishénme néng fēi?

▶ 我现在能吃辣的了。 나는 이제 매운 것을 먹을 수 있다.
  Wǒ xiànzài néng chī là de le.

鸟 niǎo 명 새 | 为什么 wèishénme 대 왜, 어째서 | 飞 fēi 동 날다

▶我刚开始学汉语，不能用汉语写日记。
Wǒ gāng kāishǐ xué Hànyǔ, bù néng yòng Hǎnyǔ xiě rìjì.
나는 막 중국어를 배우기 시작해서, 중국어로 일기를 쓸 수 없다.

▶A: 明天你能来吗？　내일 너 올 수 있니?
Míngtiān nǐ néng lái ma?

B: 我明天有事，不能来。　나는 내일 일이 있어서 올 수 없어.
Wǒ míngtiān yǒu shì, bù néng lái.

'能'은 또한 사회적인 통념, 상식의 기준에서의 허가나 허락을 나타내는데, 주로 의문문과 부정문에서 사용합니다. 불허를 단독으로 대답할 때는 '不行'을 쓰기도 합니다.

▶A: 这里能抽烟吗？　여기서 담배 피워도 되나요?
Zhèlǐ néng chōu yān ma?

B: 对不起，先生，这里不能抽烟。/ 不行。
Duì bu qǐ, xiānsheng, zhèlǐ bù néng chōu yān. / Bù xíng.
죄송합니다. 선생님, 여기서는 담배를 피워서는 안 됩니다. / 안 됩니다.

3. 부사 '还'(1)

부사 '还'는 앞에서 제시한 범위에 추가할 성분이 있음을 나타냅니다.

▶我会做菜，还会煮咖啡。　나는 요리를 할 줄 알고, 게다가 커피도 내릴 줄 안다.
Wǒ huì zuò cài, hái huì zhǔ kāfēi.

▶我有一个弟弟，还有一个妹妹。　나는 남동생이 한 명 있고, 또 여동생도 한 명 있다.
Wǒ yǒu yí ge dìdi, hái yǒu yí ge mèimei.

▶我喜欢看书，还喜欢听音乐。　나는 독서를 좋아하고, 게다가 음악 감상도 좋아한다.
Wǒ xǐhuan kàn shū, hái xǐhuan tīng yīnyuè.

先生 xiānsheng 명 선생, 씨 | 煮 zhǔ 동 삶다, 익히다, 끓이다, (커피를) 내리다

4. 형용사 '好'(1)

'好'는 '좋다'라는 의미의 형용사인데, '好+V'의 형식으로 사용할 경우 'V하기 좋다/쉽다'라는 의미를 나타냅니다. 부정할 때는 '难+V'나 '不好+V'를 사용합니다.

▶ 开车很好学。 운전은 배우기 쉽다.
　 Kāi chē hěn hǎo xué.

▶ 开车很难学。 / 开车不好学。 운전은 배우기 어렵다.
　 Kāi chē hěn nán xué. / Kāi chē bù hǎo xué.

▶ 这个游戏不好玩儿。 (*难玩儿) 이 게임은 재미없다.
　 Zhè ge yóuxì bù hǎowánr.

사용 빈도가 높은 '好吃((음식이) 맛있다), 好喝((음료가) 맛있다), 好听(듣기 좋다), 好看(예쁘다), 好玩儿(재미있다)'은 이미 하나의 단어로 쓰입니다.

▶ 这个菜很好吃。 이 요리는 맛있다.
　 Zhè ge cài hěn hǎochī.

▶ 这件衣服很好看。 이 옷은 예쁘다.
　 Zhè jiàn yīfu hěn hǎokàn.

▶ 这个游戏很好玩儿。 이 게임은 재미있다.
　 Zhè ge yóuxì hěn hǎowánr.

5. 정도 표현 '挺……的'

'매우, 아주, 대단히'라는 뜻의 '挺'은 '的'와 호응하여 '非常'보다 조금 약한 정도를 나타냅니다.

▶ 那家餐厅的菜挺贵的。 저 레스토랑의 음식은 아주 비싸다.
　 Nà jiā cāntīng de cài tǐng guì de.

▶ 这件衣服挺漂亮的。 이 옷은 매우 예쁘다.
　 Zhè jiàn yīfu tǐng piàoliang de.

04 연습 문제

1. 녹음을 듣고 알맞은 답을 고르세요. 🎧 02-08

   (1) 我最大的爱好是什么?

   ❶ 听音乐   ❷ 看电影   ❸ 学习外语

   (2) 我什么时候开始学习汉语?

   ❶ 一个月前   ❷ 几个月前   ❸ 不知道

2. 녹음을 듣고 질문의 답안과 일치하면 ○, 틀리면 ✕를 표시하세요. 🎧 02-09

   (1) 我不会说汉语, 可是我会说英语。

   (2) 我会打篮球, 还会踢足球。

   (3) 我不爱吃辣的, 不能吃麻辣烫。

3. 사진을 보고 상황에 맞게 대화를 완성해 보세요.

   (1)

   A: _____
   (긍정부정의문문 사용)

   B: 不行, 现在不能进去。

   (2)

   A: _____
   (긍정부정의문문 사용)

   B: 我身体不舒服, 不能去上课。

4. 다음 문장을 중국어로 써 보세요.

(1) 너 운전할 줄 아니 모르니?

» _____

(2) 나는 영어를 할 줄 알고, 일본어도 할 줄 안다.

» _____

(3) 내일 너 올 수 있니?

» _____

(4) 이 요리는 맛있다.

» _____

(5) 이 옷은 매우 예쁘다. ('挺……的' 사용)

» _____

5. 다음 단어 및 구를 어순에 알맞게 배열해 보세요.

(1) 日记 / 汉语 / 我 / 不能 / 写 / 用 / 。

» 现在 _____

(2) 中文歌 / 几首 / 唱 / 会 / 。

» 他 _____

(3) 会(2회) / 唱歌 / 跳舞 / 还 / , / 。

» 我 _____

(4) 都 / 的 / 每天 / 忙 / 挺 / 。

» 我 _____

(5) 不 / 好玩儿 / 游戏 / 。

» 这个 _____

동음이의어(谐音 xiéyīn) 현상으로 보는 중국 문화

✦ 동음이의어(谐音)란?

중국어는 같은 발음을 가진 한자가 무척 많다. 여기에 비슷한 음을 내는 한자까지 합친다면 같거나 비슷한 소리를 내는 글자는 훨씬 더 많아질 것이다. 동음이의어란 이렇게 같거나 비슷한 소리를 내는 두 글자가 동일한 이미지를 연상시키는 현상으로 중국어로는 '谐音'이라고 한다. 동음이의어에 해당하는 글자가 많은 만큼, 중국인들의 생활 곳곳에서도 동음이의어 현상으로 인한 다양한 금기와 선호가 존재한다.

✦ 중국인들이 좋아하는 숫자는?

중국인들은 숫자 6, 8, 9를 선호하고, 4나 7을 기피하는 경향이 있다. 이는 숫자의 중국어 발음과 표기 및 성조가 같거나, 표기는 같지만 성조가 다른 글자들이 의미하는 바와 관련이 있다. 각각의 숫자들이 상징하는 의미는 다음과 같다.

중국인들이 선호하는 숫자와 관련된 표현	
六 liù 6	'순조롭다'를 뜻하는 '流利 liúlì'의 'liú'와 표기가 같음. 六六大顺 liù liù dà shùn: 모든 일이 순조롭다
八 bā 8	'돈을 벌다'를 뜻하는 '发财 fā cái'의 'fā'와 표기가 유사하고 성조가 같음. 恭喜发财 gōngxǐ fā cái: 돈 많이 버세요, 부자 되세요
九 jiǔ 9	'영원하다'를 뜻하는 '永久 yǒngjiǔ'의 'jiǔ'와 표기, 성조가 같음. 相爱永久 xiāng'ài yǒngjiǔ: 영원히 사랑하다
중국인들이 기피하는 숫자와 관련된 표현	
四 sì 4	'죽다'를 뜻하는 '死 sǐ'와 표기가 같음.
七 qī 7	'화를 내다'를 뜻하는 '生气 shēng qì'의 'qì'와 표기가 같음.

베이징올림픽 개막식이 2008년 8월 8일 저녁 8시에 시작된 것 역시 중국어의 동음이의어 현상과 관련이 있다. 결혼식이나 생일잔치를 시작하는 시간 역시 좋은 의미를 가진 숫자를 포함하여 정하는 경우가 대부분이다. 또한, 같은 건물이라도 많은 사람이 선호하는 층수에 따라 가격 차이가 나며, 차를 구입할 때 구입하는 자동차 번호도 선호하는 숫자가 많이 포함될수록 가격이 높아진다.

✦ 자동차에 붙은 도마뱀

중국 도로에서는 도마뱀 장식을 붙인 승용차를 자주 볼 수 있다. 이 역시 중국어 동음이의어 현상과 관련된 것으로 '도마뱀'을 뜻하는 '壁虎 bìhǔ'와 '비호하다, 보호하다'를 뜻하는 '庇护 bìhù'의 표기가 같은 것에서 비롯된 것이다. 차의 안전을 기원하는 마음이 도마뱀 장식으로 나타난 것인데, 이처럼 중국어의 동음이의어 현상은 생활 곳곳에 깊숙이 자리 잡고 있다.

✦ 중국인에게 선물할 때는?

중국인들은 선물을 주고받을 때도 동음이의어 현상을 중시하기 때문에, 이에 주의해서 선물을 준비하는 것이 좋다.

피해야 하는 선물	
挂钟 guàzhōng 괘종시계	'끝나다, 죽다'를 뜻하는 '终 zhōng'과 '钟 zhōng'의 표기, 성조가 같음.
梨 lí 배(과일)	'헤어지다, 이별하다'를 뜻하는 '离 lí'와 표기, 성조가 같음.
雨伞 yǔsǎn 우산	'흩어지다, 분산하다, 이혼하다' 등을 뜻하는 '散 sàn'과 '伞 sǎn'의 표기가 같음.
추천할 만한 선물	
酒 jiǔ 술	'오래다, 길다'를 뜻하는 '久 jiǔ'와 표기, 성조가 같음.
橘子 júzi 귤	'길하다'를 뜻하는 '吉 jí'와 '橘 jú'의 발음이 유사함.
苹果 píngguǒ 사과	'평안하다'를 뜻하는 '平安 píng'ān'의 첫 글자와 '苹 píng'의 표기, 성조가 같음.

姐姐的个子比我高。

언니의 키는 나보다 커요.

◀ 학습 목표 ▶

❶ 동작이나 행위의 결과 표현하기

❷ 비교의 의미 표현하기

❸ 강조의 의미 표현하기

문형 ①

我找到了我的手机。 나는 내 휴대폰을 찾았다.

 03-01 Wǒ zhǎodào le wǒ de shǒujī.

买 mǎi	사다	那本书 nà běn shū	그 책
看 kàn	보다	你的微信 nǐ de Wēixìn	네 위챗 메시지
收 shōu	받다	那件礼物 nà jiàn lǐwù	그 선물

A 你找到你的手机了吗? 너 네 휴대폰 찾았니?
Nǐ zhǎodào nǐ de shǒujī le ma?

我找到了我的手机。 나 내 휴대폰 찾았어. **B**
Wǒ zhǎodào le wǒ de shǒujī.

 문형 ②

我的笔记本电脑还没(有)修好。

 03-02 Wǒ de bǐjìběn diànǎo hái méi(yǒu) xiūhǎo.
내 노트북은 아직 수리가 다 안 됐다.

学生证 xuéshēngzhèng	학생증	办 bàn	발급하다
作业 zuòyè	숙제	写 xiě	쓰다(하다)
自行车 zìxíngchē	자전거	放 fàng	두다(놓다)

A 你的笔记本电脑修好了吗? 네 노트북 다 수리됐니?
Nǐ de bǐjìběn diànnǎo xiūhǎo le ma?

我的笔记本电脑还没(有)修好。 내 노트북 아직 수리가 다 안 됐어. **B**
Wǒ de bǐjìběn diànnǎo hái méi(yǒu) xiūhǎo.

收 shōu 통 받다 | 件 jiàn 양 개 선물·일·사건을 세는 단위 | 礼物 lǐwù 명 선물 | 修 xiū 통 수리하다 | 学生证 xuéshēngzhèng 명 학생증 | 办 bàn 통 발급하다, 처리하다 | 自行车 zìxíngchē 명 자전거 | 放 fàng 통 두다, 놓다

这个问题我没有回答对，我回答错了。

03-03

Zhè ge wèntí wǒ méiyǒu huídá duì, wǒ huídá cuò le.

이 문제를 나는 맞게 대답하지 못했고, 틀렸다.

这个汉字	이 한자	写	쓰다
Zhè ge Hànzì		xiě	
这个生词	이 새 단어	念	읽다
Zhè ge shēngcí		niàn	
那件事	그 일	做	하다
Nà jiàn shì		zuò	

 这个问题你回答对了吗? 이 문제를 너는 맞게 대답했니?
Zhè ge wèntí nǐ huídá duì le ma?

这个问题我没有回答对，我回答错了。 이 문제를 나는 맞게 대답하지 못했고, 틀렸어.
Zhè ge wèntí wǒ méiyǒu huídá duì, wǒ huídá cuò le.

她学习很努力，她比我更努力。

03-04

Tā xuéxí hěn nǔlì, tā bǐ wǒ gèng nǔlì.

그녀는 열심히 공부한다. 그녀는 나보다 더 열심히 공부한다.

今天天气	오늘 날씨	冷	춥다	今天	오늘	昨天	어제	更冷	더 춥다
Jīntiān tiānqì		lěng		jīntiān		zuótiān		gèng lěng	
这台电脑	이 컴퓨터	贵	비싸다	这台	이것	那台	저것	贵一千元	천 위안 비싸다
Zhè tái diànnǎo		guì		zhè tái		nà tái		guì yìqiān yuán	
他个子	그 키	高	크다	他	그	我	나	高十厘米	10cm 크다
Tā gèzi		gāo		tā		wǒ		gāo shí límǐ	

 她学习努力吗?
Tā xuéxí nǔlì ma?
그녀는 열심히 공부하니?

她学习很努力，她比我更努力。
Tā xuéxí hěn nǔlì, tā bǐ wǒ gèng nǔlì.
그녀는 열심히 공부해. 그녀는 나보다 더 열심히 공부해.

错 cuò 형 틀리다, 맞지 않다 | 生词 shēngcí 새 단어 | 个子 gèzi 명 (사람의) 키 | 厘米 límǐ 양 센티미터(cm) 길이를 재는 단위

那里的风景可美了! 그곳의 풍경은 정말 아름답다!

 Nàli de fēngjǐng kě měi le!

这个苹果 Zhè ge píngguǒ	이 사과	甜 tián	달다
北京的冬天 Běijīng de dōngtiān	베이징의 겨울	冷 lěng	춥다
那件衣服 Nà jiàn yīfu	그 옷	漂亮 piàoliang	예쁘다

 那里的风景怎么样? 그곳의 풍경은 어때?
Nàli de fēngjǐng zěnmeyàng?

那里的风景可美了! 그곳의 풍경은 정말 아름다워! **B**
Nàli de fēngjǐng kě měi le!

可 kě 분 아주, 정말 | **冬天** dōngtiān 명 겨울

독해1 🎧 03-06

上个学期，我的听力不太好。我没听懂老师说的话，
Shàng ge xuéqī, wǒ de tīnglì bú tài hǎo. Wǒ méi tīngdǒng lǎoshī shuō de huà,

也不好意思说："请您再说一遍。"老师的问题，都没有
yě bù hǎoyìsi shuō: "Qǐng nín zài shuō yí biàn." Lǎoshī de wèntí, dōu méiyǒu

回答对，我非常伤心。暑假时我每天听录音、读课文、
huídá duì, wǒ fēicháng shāngxīn. Shǔjià shí wǒ měitiān tīng lùyīn, dú kèwén,

写汉字。这个学期，我能听懂了，老师的问题我都回答
xiě Hànzì. Zhè ge xuéqī, wǒ néng tīngdǒng le, lǎoshī de wèntí wǒ dōu huídá

对了。现在我觉得上课可有意思了。
duì le. Xiànzài wǒ juéde shàng kè kě yǒu yìsi le.

**독해1
확인 학습**

1. 지난 학기 나는 중국어의 어떤 부분이 부족했습니까?

　① 读课文　　　　　　② 听力　　　　　　③ 写汉字

2. 나는 지금 수업이 재미있습니까?

　① 有意思　　　　　　② 没有意思　　　　③ 不知道

学期 xuéqī 명 학기 ｜ **懂** dǒng 동 알다, 이해하다 ｜ **话** huà 명 말, 이야기 ｜ **不好意思** bù hǎoyìsi 부끄럽다, 쑥스럽다 ｜ **遍** biàn 양 번, 회 동작이 시작되어 끝날 때까지의 과정을 세는 단위 ｜ **伤心** shāngxīn 형 상심하다 ｜ **暑假** shǔjià 명 여름방학, 여름휴가 ｜ **录音** lùyīn 명 동 녹음(하다) ｜ **读** dú 동 읽다, 낭독하다, 공부하다

我姐姐

大家好！今天我要向大家介绍一下我姐姐。我有
Dàjiā hǎo!　　Jīntiān wǒ yào xiàng dàjiā jièshào yíxià wǒ jiějie.　　　　Wǒ yǒu

一个姐姐。她比我大三岁，今年二十五岁。她在一家贸易
yí ge jiějie.　　Tā bǐ wǒ dà sān suì,　　jīnnián èrshíwǔ suì.　　Tā zài yì jiā màoyì

公司工作。
gōngsī gōngzuò.

我像爸爸，姐姐像妈妈。我的皮肤有点儿黑，姐姐
Wǒ xiàng bàba,　　jiějie xiàng māma.　　Wǒ de pífū yǒudiǎnr hēi,　　　jiějie

的皮肤比我白。姐姐的个子也比我高。我们的性格也不
de pífū bǐ wǒ bái.　　Jiějie de gèzi yě bǐ wǒ gāo.　　Wǒmen de xìnggé yě bù

一样，我有点儿粗心，但姐姐很细心。
yíyàng,　　wǒ yǒudiǎnr cūxīn,　　dàn jiějie hěn xìxīn.

像 xiàng 동 닮다, 비슷하다 ｜ 皮肤 pífū 명 피부 ｜ 黑 hēi 형 검다, 어둡다 ｜ 白 bái 형 희다 ｜ 性格 xìnggé 명 성격, 개성 ｜
一样 yíyàng 형 같다, 동일하다 ｜ 粗心 cūxīn 형 세심하지 못하다, 덤벙대다 ｜ 细心 xìxīn 형 세심하다, 주의 깊다

我不高兴的时候， 找姐姐聊天儿， 聊完天儿后， 心情
Wǒ bù gāoxìng de shíhou,　　zhǎo jiějie liáo tiānr,　　liáowán tiānr hòu,　　xīnqíng

就变好了。 有时候， 她跟我说她公司的事情， 我觉得可有
jiù biànhǎo le.　　Yǒushíhou,　　tā gēn wǒ shuō tā gōngsī de shìqing,　　wǒ juéde kě yǒu

意思了。
yìsi le.

姐姐的公司离家比较远， 所以半年前她搬到了公司
Jiějie de gōngsī lí jiā bǐjiào yuǎn,　　suǒyǐ bàn nián qián tā bāndào le gōngsī

的附近。 我们现在不能常常见面， 所以我每天可想她了！
de fùjìn.　　Wǒmen xiànzài bù néng chángcháng jiàn miàn, suǒyǐ wǒ měitiān kě xiǎng tā le!

我爱我姐姐！
Wǒ ài wǒ jiějie!

독해2 확인 학습	

1. 나는 몇 살입니까?
　① 二十岁　　　　　② 二十二岁　　　　　③ 二十六岁

2. 언니의 생김새는 어떻습니까?
　① 个子比我高　　　② 像爸爸　　　　　③ 皮肤比我黑

3. 언니의 회사는 집에서 가깝습니까?
　① 不太远　　　　　② 不远　　　　　③ 比较远

聊天(儿) liáo//tiān(r) 동 수다 떨다, 한담하다, 잡담을 하다 聊一会儿天(儿) | 完 wán 동 완성하다, 끝나다 | 变 biàn 동
바뀌다, 변하다, 변화하다 | 有时(侯) yǒushí(hou) 때때로, 가끔 | 事情 shìqing 명 일, 볼일, 용무 | 搬 bān 동 이사하다,
옮기다

1. 결과보어(1)

동사서술어 뒤에서 동작 또는 행위가 발생한 이후의 결과를 보충 설명하는 성분(동사 또는 형용사)을 결과보어라고 합니다. 동사 '见, 懂, 完, 到' 등이나 형용사 '好, 对, 错' 등이 동사서술어 뒤에서 결과보어로 사용됩니다.

'见'은 동작(주로 시각, 청각, 후각 등)을 통해 어떤 대상을 감지했다는 의미를 나타냅니다.

▶ 我在图书馆看见你了。 나는 도서관에서 너를 봤다.
　Wǒ zài túshūguǎn kànjiàn nǐ le.

▶ 我听见了他的笑声。 나는 그의 웃음소리를 들었다.
　Wǒ tīngjiàn le tā de xiàoshēng.

'懂'은 동작을 이해했다는 의미를 나타냅니다.

▶ 我听懂了老师的话。 나는 선생님의 말씀을 듣고 이해했다.
　Wǒ tīngdǒng le lǎoshī de huà.

'完'은 동작의 완성을 나타냅니다.

▶ 他做完了今天的作业。 그는 오늘 숙제를 다 했다.
　Tā zuòwán le jīntiān de zuòyè.

▶ 你能吃完这些菜吗? 너는 이 음식들을 다 먹을 수 있니?
　Nǐ néng chīwán zhè xiē cài ma?

'到'는 동작의 완성이나 목적 달성을 나타내며, 어떤 장소나 시점에 도달했음을 나타내기도 합니다.

▶ 我看到了你的微信。 나는 네 위챗 메시지를 봤다.
　Wǒ kàndào le nǐ de Wēixìn.

▶ 我找到工作了。 나는 직업을 찾았다(취직했다).
　Wǒ zhǎodào gōngzuò le.

▶ 我回到家就睡觉了。 나는 집으로 와서 바로 잤다.
　Wǒ huídào jiā jiù shuì jiào le.

笑声 xiàoshēng 명 웃음소리

'好'는 동작 완성 후, 정상적인 상태가 되었거나 다른 이를 만족시키는 상태임을 나타냅니다.

▶ 你的电脑修好了。 네 컴퓨터는 수리가 다 됐다.
　Nǐ de diànnǎo xiūhǎo le.

▶ 我已经准备好了。 나는 이미 준비가 다 됐다.
　Wǒ yǐjīng zhǔnbèi hǎo le.

동사서술어와 결과보어는 매우 긴밀해서 중간에 다른 성분이 들어갈 수 없으며, 목적어는 일반적으로 결과보어 뒤에 출현하고, 때에 따라 문장 첫머리에 오기도 합니다.

▶ 我已经做完作业了。 나는 이미 숙제를 다 했다.
　Wǒ yǐjīng zuòwán zuòyè le.

▶ 你的手机我找到了。 네 휴대폰은 내가 찾았다.
　Nǐ de shǒujī wǒ zhǎodào le.

결과보어의 부정 형식은 동사 앞에 '没(有)'를 사용합니다.

▶ 我没看见你的手机。 나는 네 휴대폰을 보지 못했다.
　Wǒ méi kànjiàn nǐ de shǒujī.

▶ 那本书我没看完。 저 책을 나는 다 읽지 못했다.
　Nà běn shū wǒ méi kànwán.

▶ 我的手机没修好。 내 휴대폰은 수리가 다 안 됐다.
　Wǒ de shǒujī méi xiūhǎo.

> **tip** 상조사 '了'와 결과보어의 차이
>
> 완료를 나타내는 상조사 '了'는 동작 또는 행위의 완료만을 나타낼 뿐, 결과까지 표현하지는 못합니다. 동작이나 행위의 결과를 표현하고자 할 때는 동사와 함께 결과보어를 사용해야 합니다.
>
> - 我听了。 나는 들었다. [听'을 완료하였음을 나타냄]
>   Wǒ tīng le.
>
> - 我听懂了。 나는 듣고 이해했다. ['听'의 결과 '懂'함을 나타냄]
>   Wǒ tīngdǒng le.

准备 zhǔnbèi 동 준비하다

2. 차등비교구문(1)

'A가 B보다 ~하다'와 같이 정도의 차이를 표현하는 문장을 차등비교구문이라고 합니다. 전치사 '比'를 이용하여 'A(비교주체)+比+B(비교기준)+C(비교결과)'와 같은 형식으로 만듭니다. 이때 C 앞에 '더욱'이라는 뜻의 '更'을 써서 정도의 차이를 나타낼 수 있습니다. 또한 C 뒤에 수량사를 덧붙여 정도의 구체적 차이를 나타낼 수도 있습니다.

▶ 我比她(更)高。　나는 그녀보다 키가 (더) 크다.
　Wǒ bǐ tā (gèng) gāo.

▶ 她比我大三岁。　그녀는 나보다 나이가 세 살 많다.
　Tā bǐ wǒ dà sān suì.

3. 정도 표현 '可……了'

'可……了'는 '아주/정말 ~하다'라는 의미로 '감탄'이나 '놀라움'의 어감을 나타냅니다.

▶ 那里的风景可美了！　그곳의 풍경은 아주 아름답다!
　Nàli de fēngjǐng kě měi le!

▶ 这个苹果可甜了！　이 사과는 아주 달다!
　Zhè ge píngguǒ kě tián le!

▶ 北京的冬天可冷了！　베이징의 겨울은 정말 춥다!
　Běijīng de dōngtiān kě lěng le!

04 연습 문제

1. 녹음을 듣고 알맞은 답을 고르세요. 🎧 03-08

   (1) 上个学期老师的话我听懂了吗?

   ❶ 听懂了　　　　❷ 没听懂　　　　❸ 不知道

   (2) 暑假的时候我每天做什么?

   ❶ 读书　　　　　❷ 听录音　　　　❸ 听音乐

2. 녹음을 듣고 질문의 답안과 일치하면 ○, 틀리면 ✕를 표시하세요. 🎧 03-09

   (1) 我找到了我的手机。

   (2) 我的笔记本电脑还没修好。

   (3) 这个汉字我写错了。

3. 사진을 보고 상황에 맞게 대화를 완성해 보세요.

   (1)

   A: 你哥哥个子高吗?

   B: _____
   (차등비교구문 사용)

   (2)

   A: _____

   B: 我作业写完了。

4. 다음 문장을 중국어로 써 보세요.

(1) 나는 그 책을 샀다. (결과보어 '到' 사용)

>> _____

(2) 내 학생증은 아직 발급되지 않았다.

>> _____

(3) 이 새 단어를 나는 맞게 읽지 못하고, 틀리게 읽었다.

>> _____

(4) 그는 키가 크다. 그는 나보다 10cm 크다.

>> _____

(5) 이 사과 정말 달다! ('可……了' 사용)

>> _____

5. 다음 단어 및 구를 어순에 알맞게 배열해 보세요.

(1) 到 / 你的微信 / 看 / 了 / 。

>> 我 _____

(2) 放 / 没 / 还 / 好 / 。

>> 我的自行车 _____

(3) 回答(2회) / 我(2회) / 错了 / 对 / 没有 / , / 。

>> 这个问题 _____

(4) 比 / 更冷 / 很冷 / 昨天 / 今天 / , / 。

>> 今天天气 _____

(5) 冷 / 的 / 冬天 / 可 / 了 / ！

>> 北京 _____

중국 문화

중국에서 휴대폰 개통하기

단기 여행이라면 굳이 중국에서 휴대폰을 개통할 필요가 없지만, 장기간 중국에 머무는 상황이라면 중국에서 휴대폰을 개통해야 할 것이다. 많은 경우 한국에서 쓰던 휴대폰을 그대로 쓰면서 호환할 수 있는 유심칩을 구입하여 중국에서 휴대폰을 개통하는데, 때에 따라 중국에서 새로 휴대폰을 구입하는 경우도 있다.

중국에서는 한국의 삼성, 미국의 아이폰도 많이 사용하지만 华为 Huáwéi, 小米 Xiǎomǐ, oppo, vivo 등 자국 브랜드의 휴대폰을 선호하는 이들이 적지 않다.

중국의 3대 이동 통신사는 China Mobile(中国移动 Zhōngguó Yídòng), China Telecom(中国电信 Zhōngguó Diànxìn), China Unicom(中国联通 Zhōngguó Liántōng)이며, 이 중 China Mobile(中国移动)은 중국 내 1위 이동 통신사로 세계 최대 가입자를 보유하고 있다. 중국에서 휴대폰을 개통하기 위해서는 세 개 이동 통신사 중 하나를 선택하여 유심칩을 구입해야 한다. 한국과 다른 점은 중국에서는 휴대폰을 개통할 때 전화번호를 따로 구입해야 하는데, 이때 가격이 천차만별이라는 것이다. 중국인들이 선호하는 숫자인 8이나 6, 9 등의 숫자가 많이 포함된 번호일수록 가격은 비싸진다. '8'이 9번이나 들어간 138-8888-8888 휴대폰 번호는 888万元 (한화 약 15억 8,000만 원)에 거래되기도 했다.

번호를 구입한 후에는 요금제를 선택해야 한다. 한국 통신사가 한 달 후불제 방식을 택하고 있는 것과 달리, 중국 휴대폰 요금제는 상당히 세분되어 있다. 중국에서는 선불제를 선택해 사용할 수 있는데 10元, 30元, 50元, 100元 등 원하는 가격만큼 미리 충전해서 사용하는 방식이다. 앱이나 ARS를 통해 수시로 남은 금액을 확인하고 충전할 수 있어 여행자라면 상황에 맞게 충전하는 방식을 이용하는 것이 효과적이다.

사용자가 통화량, 데이터 사용량 등에 따라 매월 일정한 요금을 지불하는 방식을 套餐 tàocān (패키지 요금제)이라고 한다. 대학교의 경우, 학기 초마다 신입생을 비롯한 새로운 고객을 유치하기 위한 이동 통신사의 판촉 행사가 캠퍼스 안에서 대대적으로 열린다. 각 통신사에서는 대학생을 위한 상품인 校园套餐 xiàoyuán tàocān (캠퍼스 패키지 요금제)을 가격대별로 제공하고 있어 상황에 맞는 요금제를 선택해 사용하는 것이 유리하다.

※ **휴대폰 충전 카드 话费充值卡** huàfèi chōngzhí kǎ

선불식 요금제를 이용할 경우, 필요한 금액의 충전 카드를 마트나 우체국, 편의점 등에서 구입하여 직접 충전하거나 통신사 앱을 통해 바로 충전해서 사용한다.

전화 관련 유용한 표현

지금 거신 전화는 통화 중입니다.	**您所拨打的电话正在通话中。** Nín suǒ bōdǎ de diànhuà zhèngzài tōng huà zhōng.
잠시 후 다시 걸어 주십시오.	**请稍后再拨。** Qǐng shāohòu zài bō.
지금 거신 번호는 없는 번호입니다.	**您拨打的号码是空号。** Nín bōdǎ de hàomǎ shì kōnghào.
전화기가 꺼져 있습니다.	**您所拨打的电话已关机。** Nín suǒ bōdǎ de diànhuà yǐ guānjī.

您过得好吗?

잘 지내세요?

《 학습 목표 》

❶ 동작의 상태 평가하기

❷ 시간의 이름과 늦음 표현하기

❸ 감탄의 의미 나타내기

문형 1

我昨天玩儿得很开心。 나는 어제 재미있게 놀았다.

Wǒ zuótiān wánr de hěn kāixīn.

04-01

他 Tā	그	昨天 zuótiān	어제	起 qǐ	일어나다	晚 wǎn	늦다
她 Tā	그녀	今天 jīntiān	오늘	来 lái	오다	早 zǎo	이르다
刘老师 Liú lǎoshī	리우 선생님	今天 jīntiān	오늘	讲 jiǎng	설명하다	好 hǎo	좋다

A 你昨天玩儿得怎么样? 너 어제 논 건 어땠니?
Nǐ zuótiān wánr de zěnmeyàng?

我昨天玩儿得很开心。 나 어제 재미있게 놀았어. **B**
Wǒ zuótiān wánr de hěn kāixīn.

 문형 2

她说汉语说得很好。 그녀는 중국어를 잘한다.

Tā shuō Hànyǔ shuō de hěn hǎo.

04-02

做菜 zuò cài	요리하다	做 zuò	하다
唱歌 chàng gē	노래 부르다	唱 chàng	노래하다
写汉字 xiě Hànzì	한자를 쓰다	写 xiě	쓰다

A 她说汉语说得怎么样? 그녀는 중국어 하는 게 어때?
Tā shuō Hànyǔ shuō de zěnmeyàng?

她说汉语说得很好。 그녀는 중국어를 잘해. **B**
Tā shuō Hànyǔ shuō de hěn hǎo.

得 de 조 동사나 형용사 뒤에 쓰여 상태를 나타내는 보어를 연결하는 역할을 함 | 开心 kāixīn 형 유쾌하다, 즐겁다 | 起 qǐ
동 일어나다, 기상하다 | 讲 jiǎng 동 말하다, 설명하다, 강의하다

中国菜他做得很好。 중국 요리를 그는 잘한다.
 Zhōngguócài tā zuò de hěn hǎo.
04-03

汉字 Hànzì	한자	写 xiě	쓰다	好看 hǎokàn	예쁘다
汉语 Hànyǔ	중국어	说 shuō	말하다	流利 liúlì	유창하다
中文歌 Zhōngwén gē	중국 노래	唱 chàng	노래하다	好 hǎo	좋다

 中国菜他做得怎么样? 중국 요리를 그는 어느 정도 하니?
Zhōngguócài tā zuò de zěnmeyàng?

> **中国菜他做得很好。** 중국 요리를 그는 잘해.
> Zhōngguócài tā zuò de hěn hǎo.

 九点开会，他十点才来。
 Jiǔ diǎn kāi huì, tā shí diǎn cái lái.
04-04
9시에 회의하는데, 그는 10시가 되어서야 왔다.

考试 kǎo shì   시험(을 치다)

上课 shàng kè   수업(하다)

面试 miànshì   면접 시험(을 보다)

 九点开会，我八点就来了。他呢? 9시에 회의를 하는데, 나는 8시에 이미 왔어. 그는?
Jiǔ diǎn kāi huì, wǒ bā diǎn jiù lái le. Tā ne?

> **九点开会，他十点才来。** 9시에 회의를 하는데, 그는 10시가 되어서야 왔어.
> Jiǔ diǎn kāi huì, tā shí diǎn cái lái.

流利 liúlì 형 유창하다 | **开会** kāi//huì 동 회의하다 开两次会 | **才** cái 부 이제서야, ~에야 비로소 | **面试** miànshì 명 동
면접 시험(을 보다/하다)

今天天气多好啊！ 오늘 날씨는 얼마나 좋은가!

 Jīntiān tiānqì duō hǎo a!

04-05

那个孩子 Nà ge háizi	저 아이	可爱 kě'ài	귀엽다
那里的风景 Nàli de fēngjǐng	그곳의 풍경	美 měi	아름답다
他汉语说得 Tā Hànyǔ shuō de	그가 중국어를 하다	好 hǎo	훌륭하다(능숙하다)

 今天天气怎么样? 오늘 날씨 어때?

Jīntiān tiānqì zěnmeyàng?

你看，今天天气多好啊！ 봐봐, 오늘 날씨 정말 좋아! Ⓑ

Nǐ kàn, jīntiān tiānqì duō hǎo a!

多 duō 부 얼마나 | **啊** a 조 ~구나 문미에서 '多'와 함께 감탄의 어감을 나타냄 | **可爱** kě'ài 형 귀엽다, 사랑스럽다

독해1 🎧 04-06

昨天我和胡安去了阿伦的演唱会。演唱会晚上八点
Zuótiān wǒ hé Hú'ān qù le Ālún de yǎnchànghuì.　　Yǎnchànghuì wǎnshang bā diǎn

开始，但是我们下午两点就去了。演唱会开始前，粉丝们
kāishǐ,　　dànshì wǒmen xiàwǔ liǎng diǎn jiù qù le.　　Yǎnchànghuì kāishǐ qián, fěnsīmen

一起唱歌、跳舞，玩儿得很开心！演唱会特别精彩，阿伦
yìqǐ chàng gē,　　tiào wǔ,　　wánr de hěn kāixīn!　　Yǎnchànghuì tèbié jīngcǎi,　　Ālún

歌唱得特别好，舞也跳得特别好。演唱会凌晨一点才结束，
gē chàng de tèbié hǎo,　　wǔ yě tiào de tèbié hǎo.　　Yǎnchànghuì língchén yī diǎn cái jiéshù,

但是我们一点儿也不累。如果他每年都来中国开演唱会，
dànshì wǒmen yìdiǎnr yě bú lèi.　　Rúguǒ tā měinián dōu lái Zhōngguó kāi yǎnchànghuì,

那多好啊！
nà duō hǎo a!

**독해1
확인 학습**

1. 콘서트는 몇 시에 시작합니까?
　① 下午一点　　　　　　② 下午两点　　　　　　③ 晚上八点

2. 콘서트 전에 팬들이 함께 하지 **않은** 것은 무엇입니까?
　① 开会　　　　　　② 唱歌　　　　　　③ 跳舞

阿伦 Ālún 고유 앨렌 | **演唱会** yǎnchànghuì 명 음악회, 콘서트 | **粉丝** fěnsī 명 팬(fan) | **精彩** jīngcǎi 형 훌륭하다, 뛰어
나다 | **凌晨** língchén 명 새벽 | **结束** jiéshù 동 끝나다, 마치다 | **每年** měinián 명 매년

亲爱的妈妈

亲爱的妈妈:
Qīn'ài de māma:

您过得好吗？ 身体怎么样？
Nín guò de hǎo ma?　Shēntǐ zěnmeyàng?

我来中国半年了， 我在这里过得很好。 现在做饭、
Wǒ lái Zhōngguó bàn nián le,　wǒ zài zhèli guò de hěn hǎo.　Xiànzài zuò fàn,

打扫、 洗衣服等等， 每一件事情我自己都能做。 现在我
dǎsǎo,　xǐ yīfu děngděng,　měi yí jiàn shìqing wǒ zìjǐ dōu néng zuò.　Xiànzài wǒ

做菜做得很好， 朋友们都说很好吃， 下次回家给您做。
zuò cài zuò de hěn hǎo,　péngyoumen dōu shuō hěn hǎochī, xiàcì huí jiā gěi nín zuò.

我累的时候， 就叫外卖。 外卖送得很快， 非常方便。
Wǒ lèi de shíhou,　jiù jiào wàimài.　Wàimài sòng de hěn kuài, fēicháng fāngbiàn.

对了！ 我的房间也打扫得很干净。 以前我最不喜欢
Duì le!　Wǒ de fángjiān yě dǎsǎo de hěn gānjìng.　Yǐqián wǒ zuì bù xǐhuan

打扫, 您常常跟我说： "你看， 你的房间多脏啊！"
dǎsǎo,　nín chángcháng gēn wǒ shuō: "Nǐ kàn,　nǐ de fángjiān duō zāng a!"

现在不一样了， 我每天打扫房间。
Xiànzài bù yíyàng le,　wǒ měitiān dǎsǎo fángjiān.

亲爱 qīn'ài 동 친애하다, 사랑하다 | 过 guò 동 (시기·시간을) 보내다, 지내다 | 打扫 dǎsǎo 동 청소하다 | 洗 xǐ 동 씻다,
세척하다 | 下次 xiàcì 명 다음 번, 이 다음 | 叫 jiào 동 소리치다, 외치다, (음식을) 주문하다, 시키다 | 外卖 wàimài 명 배달
음식 | 送 sòng 동 배달하다, 보내다 | 快 kuài 형 빠르다 | 方便 fāngbiàn 형 편리하다 | 干净 gānjìng 형 깨끗하다, 깔끔
하다 | 以前 yǐqián 명 이전 | 脏 zāng 형 더럽다, 지저분하다

以前您每天叫我， 我才起床， 现在我每天六点半就
Yǐqián nín měitiān jiào wǒ, wǒ cái qǐ chuáng, xiànzài wǒ měitiān liù diǎn bàn jiù

起床， 然后出去跑步， 吃完早饭后就去上课。 您看， 我
qǐ chuáng, ránhòu chūqù pǎo bù, chīwán zǎofàn hòu jiù qù shàng kè. Nín kàn, wǒ

是不是长大了？
shì bu shì zhǎngdà le?

妈妈！ 我非常想您。 希望您健康、幸福！ 我爱您！
Māma! Wǒ fēicháng xiǎng nín. Xīwàng nín jiànkāng, xìngfú! Wǒ ài nín!

爱您的儿子
Ài nín de érzi

**독해2
확인 학습**

1. 나는 중국에 온 지 얼마나 되었습니까?
　① 半年　　　　　② 一年　　　　　③ 两年

2. 이전에 내가 가장 싫어한 것은 무엇입니까?
　① 跑步　　　　　② 打扫　　　　　③ 洗衣服

3. 현재 나는 매일 몇 시에 일어납니까?
　① 六点　　　　　② 六点半　　　　③ 七点半

出 chū 동 나가다, 나오다 | 跑步 pǎo//bù 동 달리다 跑几步 | 长 zhǎng 동 자라다, 성장하다, 생기다 | 健康 jiànkāng
명 형 건강(하다) | 幸福 xìngfú 명 형 행복(하다)

1. 상태보어(1)

동사서술어나 형용사서술어 뒤에 쓰여, 발생한 혹은 발생 중인 동작 및 상태에 대해 평가하거나 묘사하는 성분을 상태보어라고 합니다.

▶A: 你周末过得怎么样？ 너 주말 어떻게 보냈니?
　　 Nǐ zhōumò guò de zěnmeyàng?

　B: 我周末过得很愉快。 나 주말 즐겁게 보냈어.
　　 Wǒ zhōumò guò de hěn yúkuài.

▶他汉语说得很流利。 그는 중국어를 유창하게 한다.
　 Tā Hànyǔ shuō de hěn liúlì.

▶你做菜做得真好，好吃极了。 너 요리 진짜 잘한다. 너무 맛있어.
　 Nǐ zuò cài zuò de zhēn hǎo, hǎochī jíle.

상태보어의 긍정 형식은 'S+V+得+很+C'이며, C가 형용사일 경우에는 '很'의 실제 의미가 없습니다.

▶他今天来得很晚。 그는 오늘 늦게 왔다.
　 Tā jīntiān lái de hěn wǎn.

▶你拍得很好。 너 (사진) 잘 찍었다.
　 Nǐ pāi de hěn hǎo.

▶她长得很像妈妈。 그녀는 엄마를 많이 닮았다.
　 Tā zhǎng de hěn xiàng māma.

상태보어의 부정 형식은 'S+V+得+不+C'로, C 앞에 '不'나 '不太'를 사용합니다.

▶他今天来得不晚。 그는 오늘 늦게 오지 않았다.
　 Tā jīntiān lái de bù wǎn.

▶你拍得不太好。 너 (사진) 잘 못 찍었다.
　 Nǐ pāi de bú tài hǎo.

▶她长得不太像妈妈。 그녀는 엄마를 그다지 닮지 않았다.
　 Tā zhǎng de bú tài xiàng māma.

愉快 yúkuài 형 기쁘다, 유쾌하다 | 真 zhēn 부 정말로, 진짜 | 晚 wǎn 형 늦다 | 拍 pāi 동 치다, 두드리다, 찍다, 촬영하다

동사서술어가 목적어와 상태보어를 동시에 수반할 때는 'S+V+O+V+得+很+C'로 나타내는데, 목적어 앞에 중복한 동사를 생략하거나, 목적어를 주어 앞에 놓을 수도 있습니다.

▶ 你做菜做得很好。 너 요리 잘한다.
  Nǐ zuò cài zuò de hěn hǎo.

▶ 你菜做得很好。 너 요리 잘한다.
  Nǐ cài zuò de hěn hǎo.

▶ 菜你做得很好。 요리 너 잘한다.
  Cài nǐ zuò de hěn hǎo.

2. 부사 '就'(1), '才'(1)

부사 '就'는 동작이 발생한 시간이 빠르거나 이름을 나타냅니다.

▶ 这本书我一个小时就看完了。 이 책을 나는 한 시간만에 다 읽었다.
  Zhè běn shū wǒ yí ge xiǎoshí jiù kànwán le.

▶ 八点开会，她七点就来了。 8시에 회의하는데, 그녀는 7시에 이미 왔다.
  Bā diǎn kāi huì, tā qī diǎn jiù lái le.

▶ 我早上六点就起床了。 나는 아침 6시에 바로 일어났다.
  Wǒ zǎoshang liù diǎn jiù qǐ chuáng le.

부사 '才'는 '就'와 반대로 동작이 발생한 시간이 늦거나 느림을 나타냅니다.

▶ 这本书我五个小时才看完。 이 책을 나는 5시간 만에 겨우 다 읽었다.
  Zhè běn shū wǒ wǔ ge xiǎoshí cái kànwán.

▶ 八点开会，她八点半才来。 8시에 회의를 하는데, 그녀는 8시 반이 되어서야 왔다.
  Bā diǎn kāi huì, tā bā diǎn bàn cái lái.

▶ 我早上十点才起床。 나는 아침 10시가 되어서야 일어났다.
  Wǒ zǎoshang shí diǎn cái qǐ chuáng.

小时 xiǎoshí 명 시간

3. 정도 표현 '多……啊！'

'多……啊！'는 '얼마나 ~한가!(정말 ~하다!)'라는 의미로 '감탄'의 어감을 나타냅니다.

▶ 今天天气多冷啊！ 오늘 날씨는 얼마나 추운가!(정말 추워!)
　Jīntiān tiānqì duō lěng a!

▶ 他汉语说得多好啊！ 그는 중국어를 얼마나 잘하는지!(정말 잘해!)
　Tā Hànyǔ shuō de duō hǎo a!

▶ 如果今天是周末的话，多好啊！ 만약 오늘이 주말이라면, 얼마나 좋을까!
　Rúguǒ jīntiān shì zhōumò de huà, duō hǎo a!

1. 녹음을 듣고 알맞은 답을 고르세요. 04-08

   (1) 阿伦歌唱得怎么样?

   ❶ 特别好　　　　❷ 不好　　　　❸ 不太好

   (2) 演唱会几点才结束?

   ❶ 凌晨一点　　　　❷ 凌晨一点半　　　　❸ 凌晨两点

2. 녹음을 듣고 질문의 답안과 일치하면 ○, 틀리면 ✕를 표시하세요. 04-09

   (1) 她说汉语说得很好。

   (2) 我昨天玩儿得不开心。

   (3) 你看，今天天气多好啊!

3. 사진을 보고 상황에 맞게 대화를 완성해 보세요.

   (1)

   A: _____

   B: 我周末过得很愉快。

   (2)

   A: 你做菜做得怎么样?

   B: _____

4. 다음 문장을 중국어로 써 보세요.

   (1) 그녀는 오늘 일찍 왔다.

   » _____

   (2) 그녀는 노래를 잘 부른다.

   » _____

   (3) 중국어를 그는 유창하게 말한다.

   » _____

   (4) 9시에 시험을 치는데, 그는 10시가 되어서야 왔다.

   » _____

   (5) 이 아이는 얼마나 귀여운지! ('多……啊' 사용)

   » _____

5. 다음 단어 및 구를 어순에 알맞게 배열해 보세요.

   (1) 讲 / 很好 / 得 / 今天 / 。

   »李老师 _____

   (2) 写(2회) / 汉字/ 很好 / 得 / 。

   »她 _____

   (3) 他 / 很好看 / 写 / 得 / 。

   »汉字 _____

   (4) 才 / 上课 / 来 / 他 / 十点 / , / 。

   »九点 _____

   (5) 美 / 多 / 啊 / !

   »那里的风景 _____

중국 문화

중국 경제의 중심, 上海

'北京은 중국의 정치 수도이고, 上海는 중국의 경제 수도'라는 말이 있을 만큼 上海는 중국 경제의 중심지이다. 上海 중심을 흐르는 黄浦江 Huángpǔ Jiāng을 사이로 동쪽에는 현대식 고층 건물이, 서쪽에는 근대식 건물이 즐비해 있다. 이 지역을 중심으로 증권사, 투자은행 등 금융 기관이 밀집해 있는데, 이곳이 바로 上海 야경으로도 유명한 外滩 Wàitān 금융 밀집 지역이다.

东方明珠 Dōngfāngmíngzhū 를 비롯한
上海를 대표하는 현대식 건물

黄浦江 서쪽의 근대식 건물

✦ 租界 zūjiè 의 역사, 上海

1840년 아편전쟁 이전까지의 上海는 작은 어촌 마을에 불과했다. 1842년 8월 아편전쟁에서 패한 清나라는 영국과 南京조약을 체결했고, 영국은 중국 정부에 上海를 포함한 5개 항구의 개방을 요구했다. 이후, 1843년 11월 上海를 정식으로 개항했고, 영국을 비롯한 열강들은 자국민들이 안전하게 거주할 수 있는 지역을 上海에 요구했다. 중국인과 서양인의 거주를 분리할 목적으로 설치한 조계 지역은 외국인이 자유 무역을 할 수 있는 치외법권 지역으로 1846년 영국 조계 지역이 최초로 들어선 이후 미국, 프랑스 등의 조계 지역이 연이어 들어섰다. 조계 지역을 중심으로 서양식 건물과 문화가 확산하기 시작했고, 중국인들은 조계 지역을 통해 서양식 근대 문물을 가까이 접하게 되었다.

✦ 대한민국 임시정부가 자리한 上海

上海 黃浦区 Huángpǔ Qū 에는 대한민국 임시정부 청사가 자리 잡고 있는데, 이곳은 당시 프랑스 조계 지역이었다. 조계 지역은 당시 淸 정부가 세금을 거둘 수도 없고 고위 관료도 통행 허가를 받아야 하는 지역이었다. 당시 조국 독립을 위해 上海에서 활동하던 독립운동가들은 上海 사람들이 거주하던 弄堂 lòngtáng (작은 골목 또는 뒷골목)에 임시정부를 마련하고 비밀리에 활동했다. 上海 임시정부 청사는 1926년부터 1932년 5월 杭州로 이전하기 전까지 우리 정부가 6년간 활동했던 장소로, 이곳에서 임시정부는 한인애국단을 결성하는 등 적극적인 항일 애국 투쟁을 전개했다.

현재 한국 정부와 上海는 공동 조사와 복원 작업을 통해 임시정부 청사를 일제 강점기 활동 당시 모습으로 복원하여 개방하고 있다. 1993년 4월 13일 당시 임시정부가 사용하던 4호 건물의 원형을 복원한 후 개관식을 거행했으며, 이후 한국 정부는 3호, 5호를 추가 매입하여 전시실을 확장 개관했다. 현재 上海 임시정부 청사는 '上海 문화재'로 지정되어 한국 정부와 중국 정부의 협조 아래 보존 및 관리되고 있다.

제5과

他可以休息一个星期。

그는 일주일 동안 쉴 수 있어요.

◀학습 목표 ▶

❶ 동작, 상태가 지속된 시간의 길이 표현하기

❷ 정도, 수량 묻고 답하기

❸ 순차관계와 조건관계 표현하기

我工作了八个小时。 나는 8시간 동안 일했다.

05-01 Wǒ gōngzuò le bā ge xiǎoshí.

睡 shuì	자다	六个小时 liù ge xiǎoshí	6시간
病 bìng	앓다	三天 sān tiān	3일
住 zhù	살다(거주하다)	两年 liǎng nián	2년

 你工作了多长时间? 너는 얼마 동안 일했니?
Nǐ gōngzuò le duō cháng shíjiān?

我工作了八个小时。 나는 8시간 동안 일했어.
Wǒ gōngzuò le bā ge xiǎoshí.

 我学汉语学了六个月。/ 我学了六个月(的)汉语。

05-02 Wǒ xué Hànyǔ xué le liù ge yuè. / Wǒ xué le liù ge yuè (de) Hànyǔ.
나는 중국어를 6개월 동안 배웠다.

坐火车 zuò huǒchē	기차를 타다	坐 zuò	타다	两个小时 liǎng ge xiǎoshí	2시간	两个小时(的)火车 liǎng ge xiǎoshí (de) huǒchē	2시간 기차
打电话 dǎ diànhuà	전화하다	打 dǎ	걸다	三十分钟 sānshí fēnzhōng	30분	三十分钟(的)电话 sānshí fēnzhōng (de) diànhuà	30분 전화
看电视 kàn diànshì	TV를 보다	看 kàn	보다	一个晚上 yí ge wǎnshang	저녁 내내	一个晚上(的)电视 yí ge wǎnshang (de) diànshì	저녁 내내 TV

 你学汉语学了多长时间? / 你学了多长时间(的)汉语? 너는 중국어를 얼마 동안 배웠니?
Nǐ xué Hànyǔ xué le duō cháng shíjiān? / Nǐ xué le duō cháng shíjiān (de) Hànyǔ?

我学汉语学了六个月。/ 我学了六个月(的)汉语。 나는 중국어를 6개월 동안 배웠어.
Wǒ xué Hànyǔ xué le liù ge yuè. / Wǒ xué le liù ge yuè (de) Hànyǔ.

睡 shuì 동 (잠을) 자다 | 病 bìng 명 동 병(나다), 앓다 | 长 cháng 형 길다 | 时间 shíjiān 명 시간 | 火车 huǒchē 명 기차 | 打 dǎ 동 (전화를) 걸다 | 电话 diànhuà 명 전화

문형 3

我等了他三十分钟。 나는 그를 30분 동안 기다렸다.

05-03 Wǒ děng le tā sānshí fēnzhōng.

找 zhǎo	찾다	她 tā	그녀	一个半小时 yí ge bàn xiǎoshí	1시간 30분
看 kàn	보다	他 tā	그	一会儿 yíhuìr	잠시
养 yǎng	키우다	它 tā	그것	一年 yì nián	1년

 A 你等了他多长时间? 너는 그를 얼마 동안 기다렸니?
Nǐ děng le tā duō cháng shíjiān?

我等了他三十分钟。 나는 그를 30분 동안 기다렸어.
Wǒ děng le tā sānshí fēnzhōng. **B**

 문형 4

这些东西(有)多重? / 这些东西(有)二十公斤。

05-04 Zhè xiē dōngxi (yǒu) duō zhòng? / Zhè xiē dōngxi (yǒu) èrshí gōngjīn.
이 물건들은 무게가 얼마나 됩니까? / 이 물건들은 20kg입니다.

这座山 Zhè zuò shān	이 산	高 gāo	높다	六百米 liùbǎi mǐ	600m
这条路 Zhè tiáo lù	이 길	长 cháng	길다	九百米 jiǔ bǎi mǐ	900m
学校离宿舍 Xuéxiào lí sùshè	학교는 기숙사에서	远 yuǎn	멀다	五百米 wǔbǎi mǐ	500m

 A 这些东西(有)多重? 이 물건들은 무게가 얼마나 되니?
Zhè xiē dōngxi (yǒu) duō zhòng?

这些东西(有)二十公斤。 이 물건들은 20kg이야.
Zhè xiē dōngxi (yǒu) èrshí gōngjīn. **B**

养 yǎng 동 기르다, 키우다, 가꾸다 | 有 yǒu 동 ~만큼 되다　어떤 정도에 이르렀거나 일정한 수량에 이르렀음을 나타냄 | 重 zhòng 형 무겁다 | 公斤 gōngjīn 양 킬로그램(kg) 무게를 재는 단위 | 高 gāo 형 높다 | 米 mǐ 양 미터(meter) 길이를 재는 단위 | 路 lù 명 길, 도로

문형 ⑤ # 我一起床就去跑步。 나는 일어나자마자 바로 달리기하러 간다.

05-05
Wǒ yì qǐ chuáng jiù qù pǎo bù.

高兴 gāoxìng	기쁘다	**唱歌** chàng gē	노래 부르다
有时间 yǒu shíjiān	시간이 있다	**玩儿游戏** wánr yóuxì	게임하다
到周末 dào zhōumò	주말이 되다	**去爬山** qù pá shān	등산 가다

A 你有什么习惯? 너는 어떤 습관이 있니?
Nǐ yǒu shénme xíguàn?

我一起床就去跑步。 나는 일어나자마자 달리기하러 가. **B**
Wǒ yì qǐ chuáng jiù qù pǎo bù.

习惯 xíguàn 명 동 습관(이 되다), 버릇(이 되다), 익숙해지다

02 독해

독해1 05-06

这周可以休息三天， 所以我打算去天津看中国朋友
Zhè zhōu kěyǐ xiūxi sān tiān, suǒyǐ wǒ dǎsuàn qù Tiānjīn kàn Zhōngguó péngyou

李丽。 我一起床就收拾好行李， 然后去学校上课。 今天
Lǐ Lì. Wǒ yì qǐ chuáng jiù shōushi hǎo xíngli, ránhòu qù xuéxiào shàng kè. Jīntiān

上了六个小时的课， 可是我不觉得累， 我很开心。
shàng le liù ge xiǎoshí de kè, kěshì wǒ bù juéde lèi, wǒ hěn kāixīn.

一下课我就跑去了火车站， 坐了一个小时的火车到
Yí xià kè wǒ jiù pǎoqù le huǒchēzhàn, zuò le yí ge xiǎoshí de huǒchē dào

了天津。 一出火车站就看到李丽在那里等我， 我马上向
le Tiānjīn. Yì chū huǒchēzhàn jiù kàndào Lǐ Lì zài nàli děng wǒ, wǒ mǎshàng xiàng

她跑去。
tā pǎoqù.

**독해1
확인 학습**

1. 나는 일어나자마자 무엇을 했습니까?

① 去学校上课 ② 跑到火车站 ③ 收拾行李

2. 나는 톈진까지 가는 데 얼마나 걸렸습니까?

① 三天 ② 一个小时 ③ 六个小时

打算 dǎsuàn 동 ~할 생각이다, ~할 계획이다 │ **天津** Tiānjīn 고유 톈진 │ **收拾** shōushi 동 치우다, 정리하다 │ **行李** xíngli
명 여행짐, 수화물 │ **跑** pǎo 동 달리다, 뛰다 │ **站** zhàn 명 정류소, 역 │ **马上** mǎshàng 부 곧, 즉시

国庆节

国庆节休息一个星期，　爸爸妈妈来北京看我。　我坐
Guóqìngjié xiūxi yí ge xīngqī,　bàba māma lái Běijīng kàn wǒ.　Wǒ zuò

了一个小时的地铁到了机场，　在机场又等了他们半个
le yí ge xiǎoshí de dìtiě dào le jīchǎng,　zài jīchǎng yòu děng le tāmen bàn ge

小时。　我一看到爸爸妈妈就高兴极了。　他们的行李很多。
xiǎoshí.　Wǒ yí kàndào bàba māma jiù gāoxìng jíle.　Tāmen de xíngli hěn duō.

"东西真不少啊！"　"都是给你带的东西。　这两个箱子
"Dōngxi zhēn bù shǎo a!"　"Dōu shì gěi nǐ dài de dōngxi.　Zhè liǎng ge xiāngzi

有40公斤。"　"我们去坐出租车吧，　离这儿不远，　大概
yǒu sìshí gōngjīn."　"Wǒmen qù zuò chūzūchē ba,　lí zhèr bù yuǎn,　dàgài

有两百米。"
yǒu liǎngbǎi mǐ."

一到家，　妈妈就打开箱子。　衣服、吃的东西……都是
Yí dào jiā,　māma jiù dǎkāi xiāngzi.　Yīfu,　chī de dōngxi……　dōu shì

我喜欢的。　我们休息了两个小时，　然后我陪他们去吃
wǒ xǐhuan de.　Wǒmen xiūxi le liǎng ge xiǎoshí,　ránhòu wǒ péi tāmen qù chī

火锅，　在那儿我们等了四十分钟。　火锅非常好吃，　爸爸
huǒguō,　zài nàr wǒmen děng le sìshí fēnzhōng.　Huǒguō fēicháng hǎochī,　bàba

妈妈都很喜欢。　他们都很累，　所以一回来就睡觉了。
māma dōu hěn xǐhuan.　Tāmen dōu hěn lèi,　suǒyǐ yì huílái jiù shuì jiào le.

国庆节 guóqìngjié 명 건국 기념일 ｜ 机场 jīchǎng 명 공항 ｜ 少 shǎo 형 적다 ｜ 箱子 xiāngzi 명 상자, 트렁크, 짐 ｜ 出租
车 chūzūchē 명 택시 ｜ 大概 dàgài 부 아마, 대개 ｜ 打开 dǎkāi 동 열다, 펼치다, 풀다 ｜ 陪 péi 동 모시다, 수행하다 ｜ 火
锅 huǒguō 명 훠궈, 중국식 샤부샤부 ｜ 回来 huílái 동 돌아오다

我们去了很多地方。爸爸妈妈最喜欢颐和园，我们
Wǒmen qù le hěn duō dìfang. Bàba māma zuì xǐhuan Yíhéyuán, wǒmen

在那儿玩儿了四五个小时。我们也吃了很多好吃的东西。
zài nàr wánr le sì wǔ ge xiǎoshí. Wǒmen yě chī le hěn duō hǎochī de dōngxi.

这几天，我们过得非常开心！
Zhè jǐ tiān, wǒmen guò de fēicháng kāixīn!

독해2 확인 학습

1. 나는 지하철로 공항까지 가는 데 얼마나 걸렸습니까?

　① 一个小时　　　　② 一个半小时　　　　③ 两个小时

2. 다음 중 부모님이 가져온 짐에 들어 있지 않은 것은 무엇입니까?

　① 吃的东西　　　　② 箱子　　　　③ 衣服

3. 나와 부모님은 훠궈 가게에서 얼마나 기다린 후에 식사했습니까?

　① 半个小时　　　　② 一个小时　　　　③ 四十分钟

地方 dìfang 명 장소, 곳

1. 시량보어(1)

시량보어란 서술어 뒤에서 동작 또는 상태가 지속된 시간의 길이를 나타내는 성분으로, 보통 시간량을 나타내는 어구가 담당합니다.

▶ A: 你工作了几个小时？ 너는 몇 시간 동안 일했니?
　　 Nǐ gōngzuò le jǐ ge xiǎoshí?

　 B: 我工作了八个小时。 나는 8시간 동안 일했어.
　　 Wǒ gōngzuò le bā ge xiǎoshí.

▶ A: 你病了多长时间？ 너 얼마 동안 아팠니?
　　 Nǐ bìng le duō cháng shíjiān?

　 B: 我病了三天。 나는 3일 동안 아팠어.
　　 Wǒ bìng le sān tiān.

시량보어와 목적어가 한 문장에 출현할 경우, 목적어의 유형에 따라 어순이 달라집니다.

▶ A: 你学汉语学了多长时间？ / 你学了多长时间(的)汉语？
　　 Nǐ xué Hànyǔ xué le duō cháng shíjiān? / Nǐ xué le duō cháng shíjiān (de) Hànyǔ?
　　 너는 중국어를 얼마 동안 배웠니?

　 B: 我学汉语学了六个月。 / 我学了六个月(的)汉语。 / 汉语，我学了六个月。
　　 Wǒ xué Hànyǔ xué le liù ge yuè. / Wǒ xué le liù ge yuè (de) Hànyǔ. / Hànyǔ, wǒ xué le liù ge yuè.
　　 나는 중국어를 6개월 동안 배웠어. / 중국어를 나는 6개월 동안 배웠어.

▶ A: 你等了他多长时间？ 너는 그를 얼마 동안 기다렸니?
　　 Nǐ děng le tā duō cháng shíjiān?

　 B: 我等了他三十分钟。 나는 그를 30분 동안 기다렸어.
　　 Wǒ děng le tā sānshí fēnzhōng.

▶ A: 你养了它多长时间？ 너는 그것을 얼마 동안 키웠니?
　　 Nǐ yǎng le tā duō cháng shíjiān?

　 B: 我养了它一年。 나는 그것을 1년 동안 키웠어.
　　 Wǒ yǎng le tā yì nián.

2. '多+형용사' 의문문

'多+긍정의미 형용사'의 형식으로 정도나 수량을 물을 수 있습니다. '多+긍정의미 형용사' 앞에는 '~만큼 되다'라는 의미의 동사 '有'를 쓸 수도 있습니다.

▶ 你今年(有)多大？ (＊多小) 당신은 올해 몇 살입니까? 나이
  Nǐ jīnnián (yǒu) duō dà?

▶ 这条路(有)多长？ (＊多短) 이 길은 길이가 얼마나 됩니까? 길이
  Zhè tiáo lù (yǒu) duō cháng?

▶ 这座山(有)多高？ (＊多低/多矮) 이 산은 높이가 얼마나 됩니까? 높이
  Zhè zuò shān (yǒu) duō gāo?

▶ 这些行李(有)多重？ (＊多轻) 이 짐들은 무게가 얼마나 됩니까? 무게
  Zhè xiē xíngli (yǒu) duō zhòng?

▶ 学校离宿舍(有)多远？ (＊多近) 학교는 기숙사에서 거리가 얼마나 멉니까? 거리
  Xuéxiào lí sùshè (yǒu) duō yuǎn?

3. '(一)些'를 사용한 양사구

양사 '些'는 '약간, 조금'이라는 뜻으로 명사 앞에 쓰여 불확실한 수량을 나타냅니다. 소량을 나타내므로 수사와 결합할 경우 '一'와만 결합이 가능합니다.

▶ 这些东西(有)二十公斤。 이 물건들은 20kg이다.
  Zhè xiē dōngxi (yǒu) èrshí gōngjīn.

▶ 我有一些问题要问。 나는 물어볼 문제가 좀 있다.
  Wǒ yǒu yìxiē wèntí yào wèn.

短 duǎn 형 짧다 | 低 dī 형 낮다 | 矮 ǎi 형 (키가) 작다 | 轻 qīng 형 가볍다

4. '一……就……'

'一……就……'는 '~하자마자 ~하다'라는 순차관계를 나타내거나 '~하기만 하면 ~하다'라는 조건관계를 나타내는 관용표현입니다.

▶ 我一下课就去吃饭。　나는 수업이 끝나자마자 밥을 먹으러 간다.
　 Wǒ yí xià kè jiù qù chī fàn.

▶ 她一说我就明白了。　그녀가 말하자마자 나는 이해했다.
　 Tā yì shuō wǒ jiù míngbai le.

▶ 我一高兴就唱歌。　나는 기분이 좋으면 노래를 부른다.
　 Wǒ yì gāoxìng jiù chàng gē.

明白 míngbai 형 분명하다, 명확하다

04 연습 문제

1. 녹음을 듣고 알맞은 답을 고르세요. 🎧 05-08

   (1) 我今天上了几个小时的课?

   ❶ 三个小时　　　　❷ 六个小时　　　　❸ 不知道

   (2) 我下课后做了什么?

   ❶ 收拾行李　　　　❷ 坐地铁　　　　❸ 跑到火车站

2. 녹음을 듣고 질문의 답안과 일치하면 ○, 틀리면 ✕를 표시하세요. 🎧 05-09

   (1) 我学汉语学了六个月。

   (2) 我等了他三十分钟。

   (3) 这些东西有十公斤。

3. 사진을 보고 상황에 맞게 대화를 완성해 보세요.

   (1)

   A: 你工作了几个小时?

   B: _____

   (2)

   A: _____
   　　('多+형용사' 의문문 사용)

   B: 我家离学校很近，走路只
   　　要五分钟。

   tip '要 yào'는 '(시간이) 걸리다'라는 뜻의 동사입니다.

4. 다음 문장을 중국어로 써 보세요.

(1) 우리는 2시간 동안 쉬었다.

  » _____

(2) 나는 그들을 30분 동안 기다렸다.

  » _____

(3) 이 상자 2개는 40kg이다.

  » _____

(4) 그들은 돌아오자마자 잠들었다. ('一……就' 사용)

  » _____

(5) 나는 1시간 동안 기차를 탔다.

  » _____

5. 다음 단어 및 구를 어순에 알맞게 배열해 보세요.

(1) 星期 / 休息 / 一个 / 。

  » 国庆节 _____

(2) 看(2회) / 一个 / 了 / 晚上 /电视 / 。

  » 我 _____

(3) 多长 / 了 / 时间 / 养 / 它 / ?

  » 你 _____

(4) 多重 / 有 / 行李 / ?

  » 这些 _____

(5) 我 / 一 / 明白 / 说 / 了 / 就 / 。

  » 她 _____

중국 문화

중국의 식사 문화와 메뉴 읽기

✦ 중국의 식사 에티켓

중국에서는 여러 명이 식사할 때 圓桌 yuánzhuō 라고 하는 둥근 형태의 테이블 위에 원형 회전판을 놓고 여러 명이 둘러 앉아 식사를 한다. 이 때 큰 접시에 나온 음식들을 회전판에 올려 두고 돌리면서 개인 접시에 덜어 먹는데, 음식을 덜 때에는 무리해서 회전판을 돌리지 않으며 자신 앞에 있는 음식을 공용 젓가락인 公筷 gōngkuài 를 사용해서 조금씩 덜어 먹는 것이 예의이다. 여러 명이 함께 식사하는 경우 테이블 자리 배치 역시 정해진 순서에 따르는데, 주인은 입구를 마주한 자리에 앉는 것이 예의이고, 주인의 왼쪽 자리를 상석으로 한다.

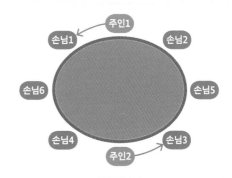

✦ 중국의 요리 주문 에티켓과 식사 순서

중국에서 요리를 주문할 때는 대개 성인 1인당 한 개의 요리를 기준으로 하고 육류와 채소, 차가운 요리와 따뜻한 요리를 골고루 시키는 것이 일반적이다. 음식을 주문할 때는 함께 식사하는 상대방이 선호하는 음식이나 먹지 못하는 음식이 있는지를 확인해야 하며, 특히 소수민족과 함께 식사할 때는 상대방이 가리는 음식에 대해 미리 확인해 보아야 한다. 예를 들어, 이슬람교를 믿는 维吾尔族 Wéiwú'ěrzú 와 回族 Huízú 사람들은 돼지고기를 먹지 않는다.

차가운 요리	따뜻한 요리	주식	탕	과일/디저트
凉菜 liángcài	热菜 rècài	主食 zhǔshí	汤 tāng	水果 shuǐguǒ / 甜点 tiándiǎn

주문한 요리는 정해진 순서에 따라 나오는데, 중국인들은 에피타이저에 해당하는 차가운 요리인 전채 요리로 먼저 입맛을 돋우고 나서 튀김, 볶음, 찜, 조림 등의 방식으로 따뜻하게 조리한 주요리를 먹는다. 그 후 밥이나 만두, 국수 등을 주식으로 먹고 탕으로 입가심한다. 그러고 나서 과일이나 디저트류로 식사를 마무리한다.

중국인들은 음식을 조금 남기는 것을 예의로 여기는데, 음식을 남기지 않고 다 먹으면 주인이 준비한 음식이 부족하다고 생각하기 때문이다. 음식과 함께 마시는 차와 술은 처음부터 음식과 함께 서빙되며, 한국 음주 문화와 달리 중국에서는 상대방의 잔이 다 비워지기 전에 중간중간 첨잔하는 것을 예의로 여긴다.

✦ 중국 요리 읽기와 대표 메뉴

중국 요리의 이름은 주재료와 조리법이 합해진 경우가 많다. 그래서 요리 이름을 통해 조리법, 재료 모양, 맛 등을 유추할 수 있다.

조리법		재료 모양	
볶다	炒 chǎo	소를 넣고 싼 모양	包 bāo
오랫동안 끓이다	炖 dùn	작고 네모난 모양	丁 dīng
지지다	煎 jiān	돌돌 만 모양	卷 juǎn
굽다	烤 kǎo	덩어리로 자른 모양	块 kuài
기름에 튀기거나 볶은 후 다시 조리다	烧 shāo	가루, 분말 등 잘게 부순 모양	末 mò
데치다	涮 shuàn	얇게 썬 모양	片 piàn
튀기다	炸 zhá	실처럼 가늘게 썰거나 찢은 모양	丝 sī
찌다	蒸 zhēng	길쭉한 모양	条 tiáo
삶다	煮 zhǔ	동그란 완자 모양	丸 wán

한국인들이 좋아하는 중국의 대표 요리	
京酱肉丝 jīngjiàngròusī	京酱 소스와 볶은 가늘게 썬 돼지고기 요리로 건두부나 전병에 함께 싸서 먹는다.
麻辣烫 málàtàng	얼얼한 맛을 내는 중국 향신료 麻辣를 사용하여 만들며 기호에 맞게 고기, 해산물, 채소, 두부, 당면 등 여러 재료를 함께 넣어 먹는다.
扬州炒饭 Yángzhōu chǎofàn	계란, 새우, 각종 야채를 함께 넣고 볶은 중국 대표 볶음밥이며, 隋杨帝 Suí Yángdì가 대운하 건설을 위해 扬州를 방문했을 때 즐겨 먹었다는 데에서 유래했다.
鱼香肉丝 yúxiāngròusī	가늘 게 썬 돼지고기와 고추, 목이버섯, 생강, 마늘 등을 鱼香 소스, 간장, 식초, 소금 등의 양념으로 볶은 요리로 대표적인 四川요리 중 하나 이다.

제6과

我曾经去过北京。

나는 이전에 베이징에 가봤어요.

◀학습 목표▶

1 과거의 경험 묻고 답하기
2 동작의 횟수 표현하기
3 동사를 중첩하여 표현하기
4 상대방의 의견을 묻거나 동의 구하기

문형 **①**

我曾经去过上海。/ 我从来没(有)去过上海。

 06-01

Wǒ céngjīng qù guo Shànghǎi. / Wǒ cónglái méi(yǒu) qù guo Shànghǎi.

나는 이전에 상하이에 가 봤다. / 나는 지금까지 상하이에 가 보지 않았다.

吃 chī	먹다	烤鸭 kǎoyā	오리구이
看 kàn	보다	京剧 Jīngjù	경극
游览 yóulǎn	관광하다	长城 Chángchéng	만리장성

A 你去过上海没有? 너 상하이에 가 본 적이 있니 없니?
Nǐ qù guo Shànghǎi méiyǒu?

我曾经去过上海。/ 我从来没(有)去过上海。 **B**
Wǒ céngjīng qù guo Shànghǎi. / Wǒ cónglái méi(yǒu) qù guo Shànghǎi.
나는 이전에 상하이에 가 봤어. / 나는 지금까지 상하이에 가 보지 않았어.

문형 **②**

我来过两次中国。 나는 중국에 두 번 와봤다.

 06-02

Wǒ lái guo liǎng cì Zhōngguó.

吃 chī	먹다	上海菜 Shànghǎicài	상하이 요리
喝 hē	마시다	白酒 báijiǔ	고량주
坐 zuò	타다	火车 huǒchē	기차

A 你来过几次中国? 너 중국에 몇 번 와봤니?
Nǐ lái guo jǐ cì Zhōngguó?

我来过两次中国。 나는 중국에 두 번 와 봤어. **B**
Wǒ lái guo liǎng cì Zhōngguó.

曾经 céngjīng 뷔 일찍이, 이전에 | 过 guo 조 ~한 적이 있다 동사 뒤에 놓여 과거의 경험을 나타냄 | 从来 cónglái 뷔 지금까지, 여태껏 | 烤鸭 kǎoyā 몡 오리구이 | 京剧 Jīngjù 고유 경극 | 游览 yóulǎn 몡 동 여행(하다), 관광(하다) | 白酒 báijiǔ 몡 배갈, 백주, 고량주

这部电影我看过两遍。 이 영화를 나는 두 번 봤다.

Zhè bù diànyǐng wǒ kàn guo liǎng biàn.

06-03

这本书	이 책	读	읽다
Zhè běn shū		dú	
这首歌	이 노래	听	듣다
Zhè shǒu gē		tīng	
这个游戏	이 게임	玩儿	놀다
Zhè ge yóuxì		wánr	

Ⓐ 这部电影你看过几遍? 이 영화를 너는 몇 번 봤니?
Zhè bù diànyǐng nǐ kàn guo jǐ biàn?

这部电影我看过两遍。 이 영화를 나는 두 번 봤어. Ⓑ
Zhè bù diànyǐng wǒ kàn guo liǎng biàn.

你等等我，好不好? 당신 저 좀 기다려 주세요, 네?

Nǐ děngdeng wǒ, hǎo bu hǎo?

06-04

我们	우리	休息休息	좀 쉬다	好吗	어때요
Wǒmen		xiūxi xiūxi		hǎo ma	
我	나	尝一尝	맛 좀 보다	行吗	괜찮나요
Wǒ		cháng yi cháng		xíng ma	
大家	여러분	帮帮忙	좀 돕다	行不行	어때요
Dàjiā		bāngbang máng		xíng bu xíng	

Ⓐ 你等等我，好不好? 너 나 좀 기다려 줘, 응?
Nǐ děngdeng wǒ, hǎo bu hǎo?

好/行，没问题。 좋아/알았어, 문제없어. Ⓑ
Hǎo / Xíng, méi wèntí.

我最近工作特别忙，现在连周末都没有了。

06-05

Wǒ zuìjìn gōngzuò tèbié máng, xiànzài lián zhōumò dōu méi yǒu le.

나는 요즘 일이 너무 바빠서, 지금은 주말도 없다.

我嗓子疼 Wǒ sǎngzi téng	나는 목이 아프다	喝水都很疼 hē shuǐ dōu hěn téng	물만 마셔도 아프다
我的钱包丢了 Wǒ de qiánbāo diū le	내 지갑을 잃어버렸다	手机也不见了 shǒujī yě bú jiàn le	휴대폰도 안 보인다
妈妈给的钱花完了 Māma gěi de qián huāwán le	엄마가 주신 돈을 다 썼다	一分钱也没有了 yì fēn qián yě méi yǒu le	돈이 한 푼도 없다

A 你有什么事吗？好像不太高兴？ 너 무슨 일 있어? 기분이 별로 안 좋은 것 같은데?

Nǐ yǒu shénme shì ma? Hǎoxiàng bú tài gāoxìng?

我最近工作特别忙，现在连周末都没有了。

Wǒ zuìjìn gōngzuò tèbié máng, xiànzài lián zhōumò dōu méi yǒu le.

나 요즘 일이 너무 바빠서, 지금은 주말도 없어.

嗓子 sǎngzi 명 목(구멍) | 钱包 qiánbāo 명 지갑 | 丢 diū 동 잃다, 잃어버리다 | 给 gěi 동 주다 | 花 huā 동 쓰다, 소비
하다 | 好像 hǎoxiàng 부 마치, 아마 (~인 것 같다)

02 독해

독해1 🎧 06-06

我来过两次中国。第一次是爸爸妈妈带我来的。
Wǒ lái guo liǎng cì Zhōngguó. Dì yī cì shì bàba māma dài wǒ lái de.

他们说，我们去过长城，还去过天安门、故宫。不过
Tāmen shuō, wǒmen qù guo Chángchéng, hái qù guo Tiān'ānmén, Gùgōng. Búguò

那时我才六岁，太小，没有什么印象。第二次是高中时
nàshí wǒ cái liù suì, tài xiǎo, méi yǒu shénme yìnxiàng. Dì èr cì shì gāozhōng shí

和学校老师同学们一起来的。在南京，我们和中国的
hé xuéxiào lǎoshī tóngxuémen yìqǐ lái de. Zài Nánjīng, wǒmen hé Zhōngguó de

同学们一起学习、生活过一个星期，很有意思。我还没
tóngxuémen yìqǐ xuéxí, shēnghuó guo yí ge xīngqī, hěn yǒu yìsi. Wǒ hái méi

去过上海，以后有机会，我一定要去上海。
qù guo Shànghǎi, yǐhòu yǒu jīhuì, wǒ yídìng yào qù Shànghǎi.

독해1 확인 학습

1. 다음 중 내가 중국에서 가 보지 않은 곳은 어디입니까?

　① 北京　　　　　　② 上海　　　　　　③ 南京

2. 현재 나는 중국에 몇 번째로 왔습니까?

　① 第一次　　　　　② 第二次　　　　　③ 第三次

小 xiǎo 형 (나이가) 어리다 | 印象 yìnxiàng 명 인상 | 南京 Nánjīng 고유 난징 | 机会 jīhuì 명 기회 | 一定 yídìng 부 반
드시, 꼭, 분명히

面包

张燕非常喜欢吃面包，北京最有名的面包，她都要
Zhāng Yàn fēicháng xǐhuan chī miànbāo, Běijīng zuì yǒumíng de miànbāo, tā dōu yào

尝一尝。她去很多地方吃过面包，有的地方要坐两个
cháng yi cháng. Tā qù hěn duō dìfang chī guo miànbāo, yǒu de dìfang yào zuò liǎng ge

小时的车。她每次都拍一拍面包的照片，写一写面包的
xiǎoshí de chē. Tā měicì dōu pāi yi pāi miànbāo de zhàopiàn, xiě yi xiě miànbāo de

味道，然后上传到社交网站上。朋友们都不知道为什么
wèidao, ránhòu shàngchuán dào shèjiāo wǎngzhàn shang. Péngyoumen dōu bù zhīdào wèishénme

她这么喜欢面包，连张燕自己也不知道为什么。
tā zhème xǐhuan miànbāo, lián Zhāng Yàn zìjǐ yě bù zhīdào wèishénme.

张燕打过两次工，两次都在面包店工作。最近她又
Zhāng Yàn dǎ guo liǎng cì gōng, liǎng cì dōu zài miànbāodiàn gōngzuò. Zuìjìn tā yòu

开始学习做面包。她每周一、三、五去学做面包，周末
kāishǐ xuéxí zuò miànbāo. Tā měi zhōuyī, sān, wǔ qù xué zuò miànbāo, zhōumò

去找好吃的面包店，特别忙，连休息的时间都没有了。
qù zhǎo hǎochī de miànbāodiàn, tèbié máng, lián xiūxi de shíjiān dōu méi yǒu le.

她做的面包朋友们都说好吃，连老师也说好吃。
Tā zuò de miànbāo péngyoumen dōu shuō hǎochī, lián lǎoshī yě shuō hǎochī.

面包 miànbāo 명 빵 | 有名 yǒumíng 형 유명하다 | 每次 měicì 명 매번 | 味道 wèidao 명 맛 | 社交 shèjiāo 명 사교 |
网站 wǎngzhàn 명 웹 사이트 | 社交网站 shèjiāo wǎngzhàn SNS | 这么 zhème 대 이렇게 | 连 lián 전 ~조차도, ~마저
도 | 店 diàn 명 상점, 가게

最近她想了想， 做做面包， 喝喝咖啡， 和家人、
Zuìjìn tā xiǎng le xiǎng, zuòzuo miànbāo, hēhe kāfēi, hé jiārén,

朋友在一起聊聊天， 这是最幸福的生活吧？ 所以， 她
péngyou zài yìqǐ liáoliao tiān, zhè shì zuì xìngfú de shēnghuó ba? Suǒyǐ, tā

打算好好儿学习做面包， 以后开一家好吃的面包店。
dǎsuàn hǎohāor xuéxí zuò miànbāo, yǐhòu kāi yì jiā hǎochī de miànbāodiàn.

독해2 확인 학습

1. 다음 중 장옌이 유명한 빵집의 빵을 맛볼 때마다 하는 행동이 <u>아닌</u> 것은 무엇입니까?
  ① 喝咖啡　　　　　② 写面包的味道　　　③ 拍照片

2. 장옌은 빵집 아르바이트를 몇 번 해 봤습니까?
  ① 一次　　　　　　② 两次　　　　　　　③ 三次

3. 장옌은 언제 빵 만드는 것을 배우러 갑니까?
  ① 周末　　　　　　② 星期一　　　　　　③ 星期一、三、五

家人 jiārén 명 가족, 식구 | 好好儿 hǎohāor 부 잘, 충분히, 제대로 | 开 kāi 동 열다, 개업하다

1. 상조사 '过'

상조사 '过'는 'V+过' 형식으로 쓰여 이미 발생한 과거의 경험을 나타냅니다. 이때 동사 앞에 부사 '曾经'을 쓰거나 과거를 나타내는 시간부사어를 종종 함께 씁니다. 부정은 '没(有)+V+过' 형식으로 나타내며, '从来+没(有)+V+过'로 부정의 의미를 강화할 수도 있습니다.

▶我曾经去过上海。 나는 이전에 상하이에 가봤다.
　Wǒ céngjīng qù guo Shànghǎi.

▶小时候我去过香港。 어릴 적에 나는 홍콩에 가봤다.
　Xiǎoshíhou wǒ qù guo Xiānggǎng.

▶我从来没(有)去过上海。 나는 지금까지 상하이에 안 가봤다.
　Wǒ cónglái méi(yǒu) qù guo Shànghǎi.

의문문은 'V+过+O+吗?', 'V+没+V+过?', 'V+过+O+没有?' 형태로 나타냅니다.

▶你吃过北京烤鸭吗? 너는 베이징 오리구이를 먹어 봤니?
　Nǐ chī guo Běijīng kǎoyā ma?

▶你吃没吃过北京烤鸭? 너는 베이징 오리구이를 먹어 봤니 안 먹어 봤니?
　Nǐ chī méi chī guo Běijīng kǎoyā?

▶你吃过北京烤鸭没有? 너는 베이징 오리구이를 먹어 봤니 안 먹어 봤니?
　Nǐ chī guo Běijīng kǎoyā méiyǒu?

2. 동량사 '次, 遍, 下'

동량사는 동작이나 행위의 양을 세는 데 쓰는 단어로, 수사와 결합하여 동사 뒤에서 동량보어로 쓰입니다.

'次'는 가장 일반적으로 사용하는 동량사로, 반복적으로 일어날 수 있는 동작의 횟수를 세는 데 쓰입니다.

▶我吃过一次北京烤鸭。 나는 베이징 오리구이를 한 번 먹어 봤다.
　Wǒ chī guo yí cì Běijīng kǎoyā.

▶这部电影我看过一次，但是没看完。 이 영화를 나는 한 번 봤었는데, 다 보지는 못했다.
　Zhè bù diànyǐng wǒ kàn guo yí cì, dànshì méi kànwán.

香港 Xiānggǎng 　고유　 홍콩 | 北京烤鸭 Běijīng kǎoyā 　고유　 베이징 오리구이(Peking duck)

'遍'은 처음부터 끝까지 전 과정이 있는 동작의 횟수를 세는 데 사용합니다.

▶ 这本小说我看了两遍。 이 소설을 나는 두 번 읽었다.
　Zhè běn xiǎoshuō wǒ kàn le liǎng biàn.

▶ 这部电影我看过一遍，真有意思。
　Zhè bù diànyǐng wǒ kàn guo yí biàn, zhēn yǒu yìsi.
　이 영화를 나는 한 번 봤는데, 정말 재미있다.

'下'는 손으로 물건을 밀거나 치거나 때리는 횟수를 나타냅니다.

▶ 钟敲了三下。 시계가 3시를 쳤다(시계 종이 세 번 울렸다).
　Zhōng qiāo le sān xià.

▶ 他拍了一下我的肩膀。 그는 내 어깨를 한 번 툭 쳤다.
　Tā pāi le yí xià wǒ de jiānbǎng.

'V+一下'는 동사 중첩과 마찬가지로 '좀 ~하다', '시험 삼아 ~해보다'의 의미를 나타냅니다.

▶ 请您等一下。 잠시 기다려 주십시오.
　Qǐng nín děng yíxià.

▶ 我来介绍一下。 제 소개를 좀 해보겠습니다.
　Wǒ lái jièshào yíxià.

3. 동사 중첩

동작을 나타내는 대부분의 동사는 중첩할 수 있는데, 중첩 방식은 동사의 음절 수에 따라 달라집니다.

1음절	A(一)A	看(一)看 kànkan, kàn yi kàn
	A了(一)A	看了(一)看 kàn le kàn, kàn le yí kàn
2음절	ABAB	休息休息 xiūxi xiūxi
	AB了AB	休息了休息 xiūxi le xiūxi
	AAB	见见面 jiànjian miàn

小说 xiǎoshuō 명 소설 | 钟 zhōng 명 (시간마다 종이 울리는) 시계 | 敲 qiāo 동 두드리다, 치다 | 肩膀 jiānbǎng 명 어깨

동사를 중첩하면 동작의 지속 시간이 짧거나 그 동작을 비교적 가볍고 편한 마음으로 한다는 의미를 나타내며, '시험 삼아 한번 ~해보다'라는 시도의 의미를 나타내기도 합니다.

▶ 我可以看(一)看吗? 내가 좀 봐도 될까?
Wǒ kěyǐ kànkan / kàn yi kàn ma?

▶ 明天不工作，大家休息休息。 내일은 일하지 말고, 모두 좀 쉽시다.
Míngtiān bù gōngzuò, dàjiā xiūxi xiūxi.

▶ 你跟他见见面就知道了。 네가 그와 만나보면 바로 알게 될 거다.
Nǐ gēn tā jiànjian miàn jiù zhīdào le.

▶ 她点点头，笑了笑。 그녀는 고개를 끄덕이며 미소를 지었다.
Tā diǎndian tóu, xiào le xiào.

4. 부가의문문

문장 끝에 '好吗/好不好/行吗/行不行/怎么样' 등을 사용하는 의문문으로, 상대방의 의견을 묻거나 동의를 구할 때 사용합니다.

▶ 请您等一下儿，好吗? 잠시만 기다려 주시겠습니까?
Qǐng nín děng yíxiàr, hǎo ma?

▶ 我试试，怎么样? 제가 좀 해 볼 게요, 어때요?
Wǒ shìshi, zěnmeyàng?

5. 강조표현 '(连)……都/也……'

'(连)……都/也……'는 '~조차도 ~하다'라는 뜻의 강조를 나타내는 관용표현입니다. '连' 뒤에는 단어나 구 등이 오는데, 수량사가 올 경우 수사는 '一'만 사용할 수 있습니다.

▶ 我嗓子疼，现在连喝水都很疼。 나는 목이 아픈데, 지금은 물 마시는 것조차 아프다.
Wǒ sǎngzi téng, xiànzài lián hē shuǐ dōu hěn téng.

▶ 妈妈给的钱花完了，现在连一分钱也没有了。 엄마가 주신 돈을 다 써서, 지금은 한 푼도 없다.
Māma gěi de qián huāwán le, xiànzài lián yì fēn qián yě méi yǒu le.

点头 diǎn//tóu 동 머리를 끄덕이다 点了点头 | 笑 xiào 동 웃다 | 试 shì 동 시험 삼아 해보다, 시도하다

1. 녹음을 듣고 알맞은 답을 고르세요. 06-08

    ⑴ 我来过几次中国?

        ❶ 一次　　　　　　❷ 两次　　　　　　❸ 三次

    ⑵ 如果有机会，我想去哪儿看看?

        ❶ 南京　　　　　　❷ 上海　　　　　　❸ 北京

2. 녹음을 듣고 질문의 답안과 일치하면 ○, 틀리면 ✕를 표시하세요. 06-09

    ⑴ 我曾经看过京剧。

    ⑵ 这部电影我看过两遍。

    ⑶ 我最近工作特别忙，现在连周末都没有了。

3. 사진을 보고 상황에 맞게 대화를 완성해 보세요.

    ⑴

        A: 你吃过北京烤鸭没有?

        B: _____

    ⑵

        A: 你有什么事吗? 好像不太高兴?

        B: 妈妈给的钱花完了，_____
           ('连……也……' 사용)

4. 다음 문장을 중국어로 써 보세요.

(1) 나는 베이징에 한 번 가봤다.

>> _____

(2) 이 소설 너 몇 번 읽어봤니?

>> _____

(3) 내가 맛 좀 봐도 될까? (부가의문문 사용)

>> _____

(4) 그녀는 친구랑 커피 좀 마시고 수다 좀 떨고 싶다. (동사 중첩 사용)

>> _____

(5) 나 자신도 왜 그런지 모르겠다. ('连……也' 사용)

>> _____

5. 다음 단어 및 구를 어순에 알맞게 배열해 보세요.

(1) 香港 / 过 / 我 / 去 / 。

>> 小时候 _____

(2) 过 / 白酒 / 没 / 还 / 喝 / 。

>> 我 _____

(3) 看(2회) / 可以 / 一 / 吗 / ?

>> 我 _____

(4) 等 / 好吗 / 您 / 一下儿 / , / ?

>> 请 _____

(5) 时间 / 也 / 吃饭 / 没有 / 了 / 连 / 的 / 。

>> 现在 _____

중국 문화

중국의 대학 입시 제도와 명문 대학

✦ 중국의 수학능력시험, 高考 gāokǎo

한국의 수능에 해당하는 시험을 중국에서는 高考라고 부른다. 高考는 全国普通高等学校招生统一考试 Quánguó pǔtōng gāoděng xuéxiào zhāoshēng tǒngyī kǎoshì 의 줄임말로, 여기서 '高等学校'는 한자 독음인 고등학교를 의미하는 것이 아니라 '대학교'를 의미한다.

한국은 매년 11월에 수능을 치르지만, 중국은 매년 6월 7, 8일 이틀에 걸쳐 高考를 치른다. 지역에 따라 시험을 3, 4일씩 치르는 곳도 있다.

중국 전역에서 1년에 1회 시행되는 高考는 문·이과로 나누어 치러진다. 시험 첫째 날 오전에 국어, 오후에 수학 시험을 치고, 둘째 날 오전에는 지리, 역사, 정치 등의 과목을 포함하는 문과 종합과 물리, 화학, 생물 등을 포함하는 이과 종합 시험을 치고, 오후에는 영어를 비롯한 외국어 시험을 친다.

중국 高考는 각 省 별로 출제 과목과 문항이 조금씩 다르다. 그리고 논술 시험을 포함하여 주관식 문항이 많기 때문에 전국 수석은 없고, 각 省에서 문·이과별로 가장 높은 점수를 받은 학생을 高考状元 gāokǎo zhuàngyuán 이라 부른다. 수험생들은 高考 성적을 가지고 세 개 대학까지 지원이 가능하고, 9월부터 대학에서 신학기를 시작한다.

중국은 한국 못지않게 교육열이 매우 높다. 많은 중국 학생이 유치원, 초등학교 때부터 명문 중고등학교와 명문 대학 진학을 위한 각종 사교육을 받고 있으며, 대학 입학시험을 위해 거주지를 옮기는 상황도 성행한다. 중국 대학 입시는 각 省 별로 지역 할당제를 실시하고, 또한 省 마다 입학 점수가 다르기 때문에 명문 대학 진학에 유리한 지역에서 시험을 치르려고 하는 것이다. 자식을 명문 학교에 입학시키려는 과열된 교육열은 사교육 시장의 무분별한 팽창, 빈부 격차에 따른 교육 수준 불균형 등의 문제를 낳고 있다. 이에, 중국 교육부는 각 省의 高考状元 발표를 금지시키는 등 입시 경쟁으로 인한 폐단을 근절하기 위해 대입 정책 개혁을 시도하고 있다.

✦ 중국의 명문 대학 육성 프로젝트: 211, 985, 双一流 shuāng yīliú

중국은 국가 차원에서 세계 일류 대학을 양성하기 위한 정책을 펴고 있는데, 211 프로젝트, 985 프로젝트, 双一流가 그것이다.

211 프로젝트는 1995년부터 시행된 정책으로 21세기를 대비하여 세계 일류 대학 100곳을 양성하겠다는 정책을 말한다. 985 프로젝트는 중국의 대표 명문대인 베이징대학 100주년 기념일인 1998년 5월 4일 발표한 정책으로 베이징대학, 칭화대학, 중국과학기술대학, 푸단대학, 상하이교통대학, 시안교통대학, 난징대학, 저장대학, 하얼빈공업대학 등 9개 대학을 포함하여 중국 교육부 승인을 받은 39개의 대학을 세계적 수준으로 양성하겠다는 내용을 담고 있다. 211, 985 프로젝트 실행 이후에는 세계 일류 대학과 일류 학과 구축이라는 双一流 전략을 세워 국가 차원에서 각 省의 중점 대학교를 지원 및 육성하고 있다.

제7과

복습

-제1~6과-

단어 · 문장 · 주요 표현

단어 확인 학습

>> 빈칸에 알맞은 한자나 汉语拼音 또는 뜻을 채워 보세요.

제1과

	단어	汉语拼音	뜻
1		gǎnmào	명 동 감기(에 걸리다)
2		qǐng//jià	동 휴가를 내다, (결석·결근·조퇴·외출 등의) 허가를 신청하다
3		yǔsǎn	명 우산
4		xīnqíng	명 마음, 기분
5		jiǎnchá	동 검사하다, 조사하다
6	开		동 (처방전을) 발급하다
7	突然		부 갑자기, 별안간
8	告诉		동 알리다, 말하다
9	严重		형 심각하다
10	所以		접 그래서, 그런 까닭에
11	极了	jíle	
12	打工	dǎ//gōng	
13	报名	bào//míng	
14	发烧	fā//shāo	
15	看病	kàn//bìng	

제2과

	단어	汉语拼音	뜻
1		wèishénme	대 왜, 어째서
2		jiǎndān	형 간단하다, 단순하다
3		zúqiú	명 축구, 축구공

4		kāi//chē	동 차를 몰다, 운전하다
5		xīwàng	명 동 희망(하다), 바라다
6	发音		명 발음
7	不错		형 괜찮다, 좋다
8	漂亮		형 예쁘다, 아름답다
9	总是		부 언제나, 늘
10	练习		명 동 연습(하다), 익히다
11	电动车	diàndòngchē	
12	跳舞	tiào//wǔ	
13	可是	kěshì	
14	更	gèng	
15	回答	huídá	

제3과

	단어	汉语拼音	뜻
1		lǐwù	명 선물
2		shēngcí	새 단어
3		shǔjià	명 여름방학, 여름휴가
4		xuéqī	명 학기
5		cūxīn	형 세심하지 못하다, 덤벙대다
6	准备		동 준비하다
7	事情		명 일, 볼일, 용무
8	性格		명 성격, 개성

9	一样		형 같다, 동일하다
10	伤心		형 상심하다
11	搬	bān	
12	错	cuò	
13	冬天	dōngtiān	
14	完	wán	
15	细心	xìxīn	

제4과

	단어	汉语拼音	뜻
1		pǎo//bù	동 달리다
2		jiéshù	동 끝나다, 마치다
3		jīngcǎi	형 훌륭하다, 뛰어나다
4		jiànkāng	명 형 건강(하다)
5		yǐqián	명 이전
6	可爱		형 귀엽다, 사랑스럽다
7	脏		형 더럽다, 지저분하다
8	开会		동 회의하다
9	凌晨		명 새벽
10	幸福		명 형 행복(하다)
11	方便	fāngbiàn	
12	流利	liúlì	
13	外卖	wàimài	

	단어	汉语拼音	
14	开心	kāixīn	
15	才	cái	

제5과

	단어	汉语拼音	뜻
1		chūzūchē	명 택시
2		xiāngzi	명 상자, 트렁크. 짐
3		bìng	명 동 병(나다), 앓다
4		mǎshàng	부 곧, 즉시
5		xíguàn	명 동 습관(이 되다), 버릇(이 되다), 익숙해지다
6	收拾		동 치우다, 정리하다
7	打算		동 ~할 생각이다, ~할 계획이다
8	打开		동 열다, 펼치다, 풀다
9	机场		명 공항
10	火锅		명 훠궈, 중국식 샤부샤부
11	地方	dìfang	
12	大概	dàgài	
13	陪	péi	
14	行李	xíngli	
15	公斤	gōngjīn	

제6과

	단어	汉语拼音	뜻
1		céngjīng	부 일찍이, 이전에
2		yìnxiàng	명 인상
3		wǎngzhàn	명 웹 사이트
4		jīhuì	명 기회
5		yóulǎn	명 동 여행(하다), 관광(하다)
6	点头		동 머리를 끄덕이다
7	一定		부 반드시, 꼭, 분명히
8	味道		명 맛
9	好好儿		부 잘, 충분히, 제대로
10	有名		형 유명하다
11	花	huā	
12	香港	Xiānggǎng	
13	丢	diū	
14	从来	cónglái	
15	好像	hǎoxiàng	

문장 확인 학습

>> 각 문장의 빈칸에 알맞은 한자나 汉语拼音 또는 뜻을 채워 보세요.

제1과

문장	汉语拼音	뜻
我感冒了。		
我今天不去上课了。		
我吃了一片药。		
	Wǒ méi(yǒu) chī yào.	
	Tā hē le sān píng shuǐ.	
	Tā jīntiān gāoxìng jíle.	

제2과

문장	汉语拼音	뜻
你会不会说汉语?		
我会说汉语, 还会写汉字。		
我刚开始学汉语, 不能用汉语写日记。		
	Xiànzài bù néng jìnqù, yíhuìr jiù kěyǐ jìnqù le.	
	Kāi chē hěn hǎo xué.	
	Zhè jiàn yīfu tǐng piàoliang de.	

제3과

문장	汉语拼音	뜻
我听懂了老师的话。		
我找到了我的手机。		
我的笔记本电脑还没修好。		
	Zhè ge wèntí wǒ méiyǒu huídá duì, wǒ huídá cuò le.	
	Tā xuéxí hěn nǔlì, tā bǐ wǒ gèng nǔlì.	
	Nàli de fēngjǐng kě měi le.	

제4과

문장	汉语拼音	뜻
我昨天玩儿得很开心。		
她说汉语说得很好。		
中国菜他做得很好。		
	Tā jīntiān lái de bù wǎn.	
	Jiǔ diǎn kāi huì, tā bā diǎn jiù lái le.	
	Jīntiān tiānqì duō hǎo a!	

제5과

문장	汉语拼音	뜻
我工作了八个小时。		
我学汉语学了六个月。		
我坐了两个小时(的)火车。		
	Wǒ děng le tā sānshí fēnzhōng.	
	Zhè xiē dōngxi (yǒu) duō zhòng?	
	Wǒ yì qǐ chuáng jiù qù pǎo bù.	

제6과

문장	汉语拼音	뜻
我曾经去过上海。		
我从来没(有)游览过长城。		
我来过两次中国。		
	Zhè shǒu gē wǒ tīng guo liǎng biàn.	
	Wǒ cháng yi cháng, xíng ma?	
	Wǒ zuìjìn gōngzuò tèbié máng, xiànzài lián zhōumò dōu méi yǒu le.	

주요 표현 확인 학습

>> 보기에서 알맞은 한자를 찾아 문장을 완성해 보세요.

제1과

| 보기 | 不　　了　　两个　　没(有)　　极了　　多了 |

① 七点＿＿＿＿＿，起床吧。　7시다, 일어나자.

② 我今天＿＿＿＿＿去报名了。　나는 오늘 등록하러 안 갈 거다.

③ 医生开了＿＿＿＿＿药方。　의사 선생님은 처방전 두 개를 발급해 주었다.

④ 今天天气好＿＿＿＿＿！　오늘 날씨가 몹시 좋다!

⑤ 我身体好＿＿＿＿＿。　나는 몸이 많이 나아졌다.

⑥ 昨天我＿＿＿＿＿吃药。　어제 나는 약을 먹지 않았다.

제2과

| 보기 | 好玩儿　　不能　　挺　　还　　能　　会 |

① 我会做菜，＿＿＿＿＿会煮咖啡。　나는 요리를 할 줄 알고, 게다가 커피도 내릴 줄 안다.

② 你＿＿＿＿＿开车吗?　너 운전할 줄 아니?

③ 明天你＿＿＿＿＿来吗?　너 내일 올 수 있니?

④ 这个游戏很＿＿＿＿＿。　이 게임은 재미있다.

⑤ 这件衣服＿＿＿＿＿漂亮的。　이 옷은 매우 예쁘다.

⑥ 这里＿＿＿＿＿抽烟。　여기서는 담배를 피워서는 안 됩니다.

제3과

보기
比　　到　　完　　没(有)　　可　　懂

① 我听＿＿＿＿＿了老师的话。　　나는 선생님의 말씀을 듣고 이해했다.

② 你的学生证还＿＿＿＿＿办好。　　네 학생증은 아직 발급되지 않았다.

③ 他＿＿＿＿＿我更高。　　그는 나보다 (키가) 더 크다.

④ 那里的风景＿＿＿＿＿美了!　　그곳의 풍경은 정말 아름답다!

⑤ 我找＿＿＿＿＿工作了。　　나는 직업을 찾았다(취직했다).

⑥ 你能吃＿＿＿＿＿这些菜吗?　　너는 이 음식들을 다 먹을 수 있니?

제4과

보기
不太　　多　　很　　得　　就　　才

① 我周末过＿＿＿＿＿很愉快。　　나는 주말을 즐겁게 보냈다.

② 她做菜做得＿＿＿＿＿好。　　그녀는 요리를 그다지 잘하지 못한다.

③ 他上午九点＿＿＿＿＿上班。　　그는 오전 9시가 되어서야 출근했다.

④ 你看，那孩子＿＿＿＿＿可爱啊!　　봐봐, 저 아이가 얼마나 귀여운지!

⑤ 我早上六点＿＿＿＿＿起床了。　　나는 아침 6시에 바로 일어났다.

⑥ 她长得＿＿＿＿＿像妈妈。　　그녀는 엄마를 많이 닮았다.

제5과

보기   多   三天   一些   一会儿   就   远

① 我病了_____。   나는 3일 동안 아팠다.

② 我看了她_____。   나는 그녀를 잠시 바라봤다.

③ 这座山(有)_____高?   이 산은 높이가 얼마나 됩니까?

④ 我一到周末_____去爬山。   나는 주말만 되면 등산하러 간다.

⑤ 学校离宿舍(有)多_____?   학교는 기숙사에서 거리가 얼마나 멉니까?

⑥ 我有_____问题要问。   나는 물어볼 문제가 좀 있다.

제6과

보기   遍   连   没有   曾经   从来   行吗

① 我_____看过京剧。   나는 이전에 경극을 본 적이 있다.

② 这部电影我看过两_____。   이 영화를 나는 두 번 봤다.

③ 你去过上海_____?   너는 상하이에 가본 적이 있니 없니?

④ 我嗓子疼，现在_____喝水都很疼。   나는 목이 아픈데, 지금은 물 마시는 것조차 아프다.

⑤ 我_____没(有)去过上海。   나는 지금까지 상하이에 안 가봤다.

⑥ 我尝一尝，_____?   내가 좀 맛봐도 될까?

제8과

中国电影越看越有意思。

중국 영화는 볼수록 재미있어요.

〈학습 목표〉

❶ 동작의 방향 표현하기

❷ 점층의 의미 나타내기

01 문형 학습

문형 ①

山上的风景太美了, 你们也上来吧。

08-01
Shān shang de fēngjǐng tài měi le, nǐmen yě shànglái ba.
산의 풍경이 너무 아름다워요. 여러분도 올라오세요.

房间里很暖和	방 안이 따뜻하다	进来	들어오다
Fángjiān li hěn nuǎnhuo		jìnlái	
上课了	수업을 시작한다	进去	들어가다
Shàng kè le		jìnqù	
下课了	수업이 끝났다	出去	나가다
Xià kè le		chūqù	

A 山上的风景太美了, 你们也上来吧。 산의 풍경이 너무 아름다워. 너희들도 올라와!
Shān shang de fēngjǐng tài měi le, nǐmen yě shànglái ba.

嗯, 知道了。 응, 알겠어. **B**
Ǹg, zhīdào le.

문형 ②

他带来了一些水果。 그는 과일을 좀 가져왔다.

08-02
Tā dàilái le yìxiē shuǐguǒ.

买	사다	两瓶啤酒	맥주 두 병
mǎi		liǎng píng píjiǔ	
借	빌리다	一本书	책 한 권
jiè		yì běn shū	
拿	가지다	一件礼物	선물 한 개
ná		yí jiàn lǐwù	

A 他带来了什么? 그는 무엇을 가지고 왔니?
Tā dàilái le shénme?

他带来了一些水果。 그는 과일을 좀 가져왔어. **B**
Tā dàilái le yìxiē shuǐguǒ.

上来 shànglái 동 올라오다 | **暖和** nuǎnhuo 형 따뜻하다 | **进来** jìnlái 동 들어오다 | **进去** jìnqù 동 들어가다 | **嗯** ǹg 감
응, 그래 | **拿** ná 동 (손에) 쥐다, 가지다

문형 ③

我这儿周末散步的人不多。

08-03

Wǒ zhèr zhōumò sàn bù de rén bù duō.

내가 있는 이곳은 주말에 산책하는 사람이 많지 않다.

打篮球 dǎ lánqiú　　농구하다

打太极拳 dǎ tàijíquán　　태극권하다

踢足球 tī zúqiú　　축구하다

 A

你那儿周末散步的人多不多？　네가 있는 그곳은 주말에 산책하는 사람이 많니 안 많니?

Nǐ nàr zhōumò sàn bù de rén duō bu duō?

我这儿周末散步的人不多。　내가 있는 이곳은 주말에 산책하는 사람이 많지 않아.

Wǒ zhèr zhōumò sàn bù de rén bù duō. **B**

 문형 ④

现在都十一点了，我们快去睡觉吧。

08-04

Xiànzài dōu shíyī diǎn le, wǒmen kuài qù shuì jiào ba.

지금 벌써 11시예요. 우리 얼른 자러 가요.

现在 Xiànzài	지금	十二点 shí'èr diǎn	12시	王明 Wáng Míng	왕밍	还没回来啊 hái méi huílái a	아직 돌아오지 않았다
时间 Shíjiān	시간	这么晚 zhème wǎn	이렇게 늦다	你 nǐ	너	回家去吧 huí jiā qù ba	귀가하렴
现在 Xiànzài	지금	两点 liǎng diǎn	2시	我们也 wǒmen yě	우리도	回去吧 huíqù ba	돌아가자

 A

你怎么了？　너 왜 그래?

Nǐ zěnme le?

现在都十一点了，我们快去睡觉吧。　지금 벌써 11시야. 우리 얼른 자러 가자.

Xiànzài dōu shíyī diǎn le, wǒmen kuài qù shuì jiào ba. **B**

散步 sàn//bù 동 산책하다 散散步 ｜ 太极拳 tàijíquán 명 태극권 ｜ 都 dōu 부 이미, 벌써 ｜ 快 kuài 부 빨리, 얼른, 어서 ｜
回去 huíqù 동 돌아가다

문형 **⑤** **中国电影越看越有意思。** 중국 영화는 볼수록 재미있다.

 Zhōngguó diànyǐng yuè kàn yuè yǒu yìsi.
08-05

汉语 Hànyǔ	중국어	学 xué	공부하다
这部电影 Zhè bù diànyǐng	이 영화	看 kàn	보다
这个游戏 Zhè ge yóuxì	이 게임	玩儿 wánr	놀다

 中国电影有意思吗? 중국 영화 재미있니?
Zhōngguó diànyǐng yǒu yìsi ma?

中国电影越看越有意思。 중국 영화는 볼수록 재미있어. **B**
Zhōngguó diànyǐng yuè kàn yuè yǒu yìsi.

越 yuè 閉 ~하면 할수록 (~하다) '越……越……' 형식으로 쓰여 상황에 따라 정도가 심해짐을 나타냄

독해1  08-06

周末我和汤姆一起去爬山。 刚开始， 我爬得很快，
Zhōumò wǒ hé Tāngmǔ yìqǐ qù pá shān.　　Gāng kāishǐ,　　wǒ pá de hěn kuài,

但越来越累， 我的背包也越来越重。 可是汤姆越爬越快，
dàn yuè lái yuè lèi,　　wǒ de bēibāo yě yuè lái yuè zhòng.　　Kěshì Tāngmǔ yuè pá yuè kuài,

他对我说：　"快上来啊！ 你太慢了！" 他先到了山顶，
tā duì wǒ shuō:　　"Kuài shànglái a!　　Nǐ tài màn le!"　　Tā xiān dào le shāndǐng,

"快上来吧！ 这里的风景太美了！" 我爬上去后， 问他：
"Kuài shànglái ba!　Zhèli de fēngjǐng tài měi le!"　　Wǒ pá shàngqù hòu,　wèn tā:

"你怎么爬得那么快？" 原来他只带来了一些水果，
"Nǐ zěnme pá de nàme kuài?"　　Yuánlái tā zhǐ dàilái le yìxiē shuǐguǒ,

可是我的背包里有水、 面包、 巧克力……
kěshì wǒ de bēibāo li yǒu shuǐ,　　miànbāo,　qiǎokèlì……

**독해1
확인 학습**

1. 누가 먼저 산에 도착했습니까?

　① 我　　　　　　　　② 汤姆　　　　　　　③ 不知道

2. 나의 배낭에 <u>없는</u> 것은 무엇입니까?

　① 水　　　　　　　　② 面包　　　　　　　③ 苹果

越来越 yuè lái yuè 점점, 갈수록 | 背包 bēibāo 명 배낭, 백팩 | 对 duì 전 ~에게 | 慢 màn 형 느리다 | 上去 shàngqù
동 올라가다 | 那么 nàme 대 저렇게, 그렇게 | 原来 yuánlái 부 알고 보니 | 巧克力 qiǎokèlì 명 초콜릿

新年计划

时间过得真快，现在都11月了。大家今年的新年
Shíjiān guò de zhēn kuài, xiànzài dōu shíyī yuè le. Dàjiā jīnnián de xīnnián

计划都实现了吗？
jìhuà dōu shíxiàn le ma?

王明今年打算每周运动三次。一月，他常常运动，
Wáng Míng jīnnián dǎsuàn měi zhōu yùndòng sān cì. Yī yuè, tā chángcháng yùndòng,

但是现在不运动，所以他想从明天开始去运动。他家
dànshì xiànzài bú yùndòng, suǒyǐ tā xiǎng cóng míngtiān kāishǐ qù yùndòng. Tā jiā

附近有一个小公园，在那儿散步的人很多。他打算每天
fùjìn yǒu yí ge xiǎo gōngyuán, zài nàr sàn bù de rén hěn duō. Tā dǎsuàn měitiān

去那儿跑步或者散步。可是现在都十点了，他还没起
qù nàr pǎo bù huòzhě sàn bù. Kěshì xiànzài dōu shí diǎn le, tā hái méi qǐ

床呢。
chuáng ne.

新年 xīnnián 명 신년, 새해 | 计划 jìhuà 명 동 계획(하다) | 实现 shíxiàn 동 실현하다, 달성하다 | 运动 yùndòng 명 동
운동(하다)

朴智敏今年开始学习弹吉他，可都学了半年了，也
Piáo Zhìmǐn jīnnián kāishǐ xuéxí tán jítā, kě dōu xué le bàn nián le, yě

还没学会。他越学越没信心，越学越没意思。教他的
hái méi xuéhuì. Tā yuè xué yuè méi xìnxīn, yuè xué yuè méi yìsi. Jiāo tā de

老师对他说："慢慢儿来，明年一定会越来越好的。"
lǎoshī duì tā shuō: "Mànmānr lái, míngnián yídìng huì yuè lái yuè hǎo de."

汤姆每天晚上回宿舍以后，就坐在电脑前看中国
Tāngmǔ měitiān wǎnshang huí sùshè yǐhòu, jiù zuòzài diànnǎo qián kàn Zhōngguó

电视剧。听懂的越来越多了，电视剧也越看越有意思了。
diànshìjù. Tīngdǒng de yuè lái yuè duō le, diànshìjù yě yuè kàn yuè yǒu yìsi le.

독해2 확인 학습

1. 왕밍은 매주 몇 번 운동할 계획을 세웠습니까?
① 一次　　② 两次　　③ 三次

2. 박지민은 올해 무엇을 배웁니까?
① 吉他　　② 钢琴　　③ 书法

3. 톰이 매일 저녁 기숙사에서 하는 것은 무엇입니까?
① 散步　　② 跑步　　③ 看中国电视剧

信心 xìnxīn 명 자신, 확신 | 教 jiāo 동 가르치다 | 慢慢儿 mànmānr 부 천천히 | 明年 míngnián 명 내년

03 문법 학습

1. 방향보어(1)

동사서술어 뒤에서 동작의 이동 방향을 설명하는 성분을 방향보어라고 합니다. 동작의 진행 방향이 화자에게 가까워지면 '来'를 쓰고, 화자에게서 멀어지면 '去'를 씁니다.

▶ **请你过来一下。** 이리로 좀 오세요.
　Qǐng nǐ guòlái yíxià.

▶ **你什么时候回来？** 너는 언제 돌아오니?
　Nǐ shénme shíhou huílái?

▶ **她从办公室出来了。** 그녀는 사무실에서 나왔다.
　Tā cóng bàngōngshì chūlái le.

동사서술어가 목적어를 수반하는 경우 목적어는 '来, 去'의 앞이나 뒤에 출현할 수 있습니다.

▶ **他买来了两杯咖啡。** 그는 커피 두 잔을 사 왔다.
　Tā mǎilái le liǎng bēi kāfēi.

▶ **他买咖啡来了。** 그는 커피를 사 왔다.
　Tā mǎi kāfēi lái le.

▶ **我带来了一张信用卡。** 나는 신용카드 한 장을 가져왔다.
　Wǒ dàilái le yì zhāng xìnyòngkǎ.

过来 guòlái 동 오다, 건너오다 ｜ **出来** chūlái 동 나오다 ｜ **下去** xiàqù 동 내려가다 ｜ **下来** xiàlái 동 내려오다 ｜ **过去** guòqù 동 (지나)가다, 건너가다 ｜ **信用卡** xìnyòngkǎ 명 신용카드

목적어가 장소명사이면 목적어는 반드시 '来, 去' 앞에 출현해야 합니다.

▶ 他回美国去了。 그는 미국으로 돌아갔다.
  Tā huí Měiguó qù le.

▶ 他回宿舍来了。 그는 기숙사로 돌아왔다.
  Tā huí sùshè lái le.

▶ 她进教室去了。 그녀는 교실로 들어갔다.
  Tā jìn jiàoshì qù le.

2. 관형어로 사용하는 '동사(구)'

중국어 동사(구)는 관형어로 사용할 때 '的'를 써야 합니다.

▶ 昨天买的牛奶都喝完了。(VS 买牛奶 mǎi niúnǎi 우유를 사다)
  Zuótiān mǎi de niúnǎi dōu hēwán le.
  어제 산 우유를 다 마셨다.

▶ 今天看的电影很有意思。(VS 看电影 kàn diànyǐng 영화를 보다)
  Jīntiān kàn de diànyǐng hěn yǒu yìsi.
  오늘 본 영화는 매우 재미있다.

▶ 今晚吃的羊肉串非常好吃。(VS 吃羊肉串 chī yángròuchuàn 양꼬치를 먹다)
  Jīn wǎn chī de yángròuchuàn fēicháng hǎochī.
  오늘 저녁에 먹은 양꼬치는 아주 맛있었다.

羊肉串 yángròuchuàn 명 양꼬치

3. '越A越B'

'越A越B'는 'A할수록 B하다'라는 의미를 나타냅니다.

▶ 听懂的越来越多了，电视剧也越看越有意思了。
　 Tīngdǒng de yuè lái yuè duō le, diànshìjù yě yuè kàn yuè yǒu yìsi le.
　 알아듣는 것이 점점 많아졌고, 드라마도 볼수록 재미있어졌다.

▶ 他的汉语越说越好。　 그는 중국어를 할수록 더 잘한다.
　 Tā de Hànyǔ yuè shuō yuè hǎo.

▶ 我越解释，他越听不懂。　 내가 설명할수록 그는 더 알아듣지 못한다.
　 Wǒ yuè jiěshì, tā yuè tīng bu dǒng.

4. '都……了'

'都……了'는 '벌써 ~이다(이 되었다)'라는 뜻으로 놀람을 나타내는 주관적인 표현입니다. 여기서 '都'는 시간이 늦거나 수량이 많음을 나타내며 '了'는 상황의 변화를 나타냅니다.

▶ 都凌晨一点了，你怎么现在才回家？　 벌써 새벽 1시인데, 너 왜 이제서야 집에 돌아오니(돌아가니)?
　 Dōu língchén yī diǎn le, nǐ zěnme xiànzài cái huí jiā?

▶ 我都去过三次了，我们去别的地方吧。　 나는 벌써 세 번이나 가봤으니, 우리 다른 곳으로 가자.
　 Wǒ dōu qù guo sān cì le, wǒmen qù biéde dìfang ba.

▶ 饭都做好了，快吃吧！　 밥이 다 되었으니, 어서 먹자!
　 Fàn dōu zuòhǎo le, kuài chī ba!

解释 jiěshì 동 해석하다, 설명하다 ┃ **别的** biéde 대 다른 것, 다른 사람

04 연습 문제

1. 녹음을 듣고 알맞은 답을 고르세요. 08-08

   (1) 周末我和谁一起去爬山?

   ❶ 胡安　　　　　❷ 汤姆　　　　　❸ 王明

   (2) 我朋友带来了什么东西?

   ❶ 水果　　　　　❷ 面包　　　　　❸ 水

2. 녹음을 듣고 질문의 답안과 일치하면 ○, 틀리면 ✕를 표시하세요. 08-09

   (1) 他带来了一些水果。

   (2) 我这儿周末散步的人很多。

   (3) 中国电影越看越有意思。

3. 사진을 보고 상황에 맞게 대화를 완성해 보세요.

   (1)

   A: _____
   　　('吗' 사용)

   B: 汉语越学越有意思。

   (2)

   A: 这儿周末打太极拳的人多
   不多?

   B: _____

4. 다음 문장을 중국어로 써 보세요.

(1) 수업 시작했으니, 너희 들어가렴.

>> _____

(2) 그는 맥주 두 병을 사 왔다.

>> _____

(3) 내가 있는 이곳은 주말에 태극권하는 사람이 많지 않다.

>> _____

(4) 반 친구들 모두 갔으니, 우리도 돌아가자.

>> _____

(5) 이 영화는 볼수록 재미있다.

>> _____

5. 다음 단어 및 구를 어순에 알맞게 배열해 보세요.

(1) 很 / 你们 / 暖和 / 吧 / 进来 / , / 。

>> 房间里 _____

(2) 了 / 书 / 借来 / 一本 / 。

>> 他 _____

(3) 打篮球 / 的 / 不多 / 周末 / 人 / 。

>> 我这儿 _____

(4) 都 / 王明 / 还没 / 十二点 / 到 / 了 / , / 。

>> 现在 _____

(5) 越(2회) / 学 / 有意思 / 。

>> 英语 _____

중국 문화

중국의 독특한 기념일

현대 중국의 젊은이들은 전통적인 명절 외에도 다양한 기념일을 챙긴다. 이들은 선물을 주고받거나, 대폭 할인된 가격으로 쇼핑하는 등 각종 기념일마다 다채로운 이벤트를 즐기고 있다.

✦ 520 고백하는 날, 告白日 gàobái rì

5월 20일이 되면 중국 연인들은 서로 선물을 주고받고, 싱글이지만 마음에 드는 사람이 있다면 그 사람에게 마음을 고백한다. 그런데 왜 하필 5월 20일일까? 이는 중국어의 발음과 연관이 있다. 520 wǔ èr líng의 발음이 '나는 당신을 사랑합니다'를 뜻하는 '我爱你 wǒ ài nǐ'의 발음과 비슷하기 때문이다. 또 한 가지 재미있는 점은 고백 시간은 13시 14분에 맞춘다는 것이다. 이 역시 1314 yī sān yī sì의 발음이 '평생'을 뜻하는 '一生一世 yìshēng yíshì'의 발음과 유사하기 때문이다. 또한 사랑을 고백하는 의미로 현금 520元을 红包 hóngbāo 에 담아 좋아하는 사람에게 보내기도 한다. 이 밖에도 5월 20일에 맞춰 혼인 신고를 하려는 커플도 상당히 많아 정부 기관에서는 이날 혼선을 피하고자 혼인 신고 접수 인력을 대폭 늘리기도 한다.

✦ 중국판 블랙프라이데이, 双十一 shuāng shíyī

11월 11일은 원래 싱글들을 위한 기념일로 光棍节 guānggùn jié 라는 명칭으로 더 많이 불렸다. '혼자'를 의미하는 숫자 1이 네 개 연달아 있는 11월 11일을 애인이 없는 이들을 위한 기념일로 정해 각종 파티를 하거나, 간단한 선물을 주고받는 것이 光棍节의 시작이었다. 선물을 주고받는 횟수와 규모가 커지다 보니 11월 11일은 차츰 쇼핑하는 기념일이라는 인식이 생겨났고, 阿里巴巴 Ālǐbābā 와 淘宝를 비롯한 중국의 여러 온라인 쇼핑몰에서 각종 할인 쿠폰을 대량으로 배포하면서 이날 온라인 쇼핑 매출액은 기록적으로 뛰어올랐

다. 2019년 阿里巴巴의 매출은 행사를 시작한 지 1시간 만에 912억 元 (한화 약 15조 1082억 원)을 기록하여 전 세계를 놀라게 했다. 중국판

블랙프라이데이라고도 불리는 双十一 쇼핑 풍속도는 중국 온라인 쇼핑 시장과 라이브 커머스의 확대, 택배 시장의 발전, 소비자의 구매 심리와 SNS를 통해 쇼핑 품목을 공유하는 문화가 복합되어 앞으로도 성행할 것으로 보인다.

✦ 중국의 주요 전통 명절

春节 Chūnjié	음력 1월 1일	중국 최대 명절로 온 가족이 함께 모여 덕담을 나누며 새해를 맞이한다.
元宵节 Yuánxiāojié	음력 1월 15일	한국의 정월대보름에 해당하는 명절로 찹쌀을 둥글게 빚어 소를 넣어 만든 汤圆 tāngyuán을 먹는 풍습이 있다.
清明节 Qīngmíngjié	양력 4월 5일	조상의 묘를 찾아 성묘하고, 봄 소풍을 즐기는 전통 명절로 24절기 중 하나에 해당한다.
端午节 Duānwǔjié	음력 5월 5일	애국 시인 屈原 Qū Yuán의 넋을 기리는 명절로 찹쌀을 대나무 잎에 싸서 찐 粽子 zòngzi를 먹는다.
中秋节 Zhōngqiūjié	음력 8월 15일	한국의 추석에 해당하는 명절로 곡물, 고기 등의 소를 넣은 月饼 yuèbing을 먹고, 달을 구경하는 풍습이 있다.

我后天就要过生日了。

나 모레면 생일이야.

《 학습 목표 》

❶ 부탁이나 사역의 의미 표현하기

❷ 동작, 행위나 상태가 가까운 미래에
   일어날 것임을 표현하기

❸ 사실을 확인하는 질문하기

문형 **①**

老师叫我回答这个问题。

09-01

Lǎoshī jiào wǒ huídá zhè ge wèntí.

선생님께서 내게 이 문제에 대답하라고 하셨다.

她请 Tā qǐng	그녀가 부탁하다	来她家吃饭 lái tā jiā chī fàn	그녀의 집에 밥 먹으러 오다
大夫让 Dàifu ràng	의사가 ~하게 하다	吃这种药 chī zhè zhǒng yào	이런 약을 먹다
妈妈让 Māma ràng	엄마가 ~하게 하다	去超市买东西 qù chāoshì mǎi dōngxi	슈퍼에 물건을 사러 가다

A 老师叫你做什么? 선생님께서 네게 무엇을 하라고 하셨니?
Lǎoshī jiào nǐ zuò shénme?

老师叫我回答这个问题。 선생님께서 내게 이 문제에 대답하라고 하셨어. **B**
Lǎoshī jiào wǒ huídá zhè ge wèntí.

 문형 **②**

爸爸 不让我这样做。 아빠는 내가 이렇게 하는 것을 허락하시지 않는다.

09-02

Bàba bú ràng wǒ zhèyàng zuò.

大夫 Dàifu	의사	不让 bú ràng	허락하지 않다	吃这种药 chī zhè zhǒng yào	이런 약을 먹다
他们 Tāmen	그들	没请 méi qǐng	요청하지 않았다	参加聚会 cānjiā jùhuì	모임에 참석하다
老板 Lǎobǎn	사장	没叫 méi jiào	시키지 않았다	去开会 qù kāi huì	회의하러 가다

A 谁不让你这样做? 누가 너 이렇게 하는 것을 허락하지 않니?
Shéi bú ràng nǐ zhèyàng zuò?

爸爸 不让我这样做。 아빠는 내가 이렇게 하는 것을 허락하시지 않아. **B**
Bàba bú ràng wǒ zhèyàng zuò.

叫 jiào 동 ~하도록 시키다, ~하게 하다 | 大夫 dàifu 명 의사 | 让 ràng 동 ~하도록 시키다, ~하게 하다 | 种 zhǒng 양 종, 종류 사람이나 사물의 유형에 쓰이는 단위 | 超市 chāoshì 명 슈퍼마켓, 슈퍼 | 这样 zhèyàng 대 이렇다, 이렇게 | 参加 cānjiā 동 참여하다, 참석하다 | 聚会 jùhuì 명 모임 | 老板 lǎobǎn 명 주인, 사장

문형 ③ 足球比赛 要 开始 了。 축구 경기가 곧 시작한다.

 09-03

Zúqiú bǐsài yào kāishǐ le.

表演 공연 Biǎoyǎn	快(要) 곧 kuài (yào)	结束 마치다 jiéshù
火车 기차 Huǒchē	就要 곧 jiù yào	到 도착하다 dào
飞机 비행기 Fēijī	马上就要 바로 곧 mǎshàng jiù yào	起飞 이륙하다 qǐfēi

Ⓐ 足球比赛什么时候开始? 축구 경기 언제 시작하니?
Zúqiú bǐsài shénme shíhou kāishǐ?

足球比赛 要 开始 了。 축구 경기 곧 시작해. Ⓑ
Zúqiú bǐsài yào kāishǐ le.

문형 ④ 我 后天 就要 过生日了。 나는 모레면 생일이다.

 09-04

Wǒ hòutiān jiù yào guò shēngrì le.

她 그녀 Tā	快 곧 kuài	回来 돌아오다 huílái
我的手机 내 휴대폰 Wǒ de shǒujī	快 곧 kuài	没电 배터리가 없다 méi diàn
火车五分钟后 기차가 5분 후에 Huǒchē wǔ fēnzhōng hòu	就要 곧 jiù yào	开 출발하다 kāi

Ⓐ 你是不是要过生日了? 너 곧 생일이지 않니?
Nǐ shì bu shì yào guò shēngrì le?

是，我后天 就要 过生日了。 응, 나 모레면 생일이야. Ⓑ
Shì, wǒ hòutiān jiù yào guò shēngrì le.

比赛 bǐsài 명 동 시합(하다) | 表演 biǎoyǎn 명 동 상연(하다), 연기(하다) | 飞机 fēijī 명 비행기 | 起飞 qǐfēi 동 이륙하다, 날아오르다 | 生日 shēngrì 명 생일 | 电 diàn 명 전기

我觉得蓝的更好看。 나는 파란 것이 더 예쁜 것 같다.

 Wǒ juéde lán de gèng hǎokàn.
09-05

大的更合适 dà de gèng héshì　　　　　　　큰 게 더 잘 어울리다

铃木的更好用 Língmù de gèng hǎoyòng　　　스즈키의 것이 더 쓰기 편하다

你自己做的更好吃 nǐ zìjǐ zuò de gèng hǎochī　네가 직접 만든 것이 더 맛있다

 你觉得哪个更好看? 네 생각에 어떤 것이 더 예쁘니?
Nǐ juéde nǎ ge gèng hǎokàn?

我觉得蓝的更好看。 나는 파란 것이 더 예쁜 것 같아.
Wǒ juéde lán de gèng hǎokàn. Ⓑ

蓝 lán 형 파랑의, 남색의 | 合适 héshì 형 적당하다, 알맞다

독해1 🎧 09-06

今天有足球比赛，金允瑞叫朋友们来她家一起看
Jīntiān yǒu zúqiú bǐsài,　Jīn Yǔnruì jiào péngyoumen lái tā jiā yìqǐ kàn

比赛，他们希望今天韩国队能赢。允瑞让朋友买几瓶
bǐsài,　tāmen xīwàng jīntiān Hánguó duì néng yíng.　Yǔnruì ràng péngyou mǎi jǐ píng

啤酒，自己准备其他东西。她一下课就去买东西，她买
píjiǔ,　zìjǐ zhǔnbèi qítā dōngxi.　Tā yí xià kè jiù qù mǎi dōngxi,　tā mǎi

了几条头巾，头巾当然是红色的。回家后，她又点了
le jǐ tiáo tóujīn,　tóujīn dāngrán shì hóngsè de.　Huí jiā hòu,　tā yòu diǎn le

炸鸡。现在，朋友们都来了，炸鸡也送来了，足球比赛
zhájī.　Xiànzài,　péngyoumen dōu lái le,　zhájī yě sònglái le,　zúqiú bǐsài

马上就要开始了。韩国队，加油！
mǎshàng jiù yào kāishǐ le.　Hánguó duì,　jiā yóu!

독해1 확인 학습

1. 김윤서는 오늘 축구 경기를 누구와 봅니까?
① 家人　② 朋友们　③ 自己一个人

2. 다음 중 김윤서가 축구 경기를 보기 전 준비한 것이 <u>아닌</u> 것은 무엇입니까?
① 啤酒　② 头巾　③ 炸鸡

队 duì 명 팀, 어떤 성격을 가지는 단체 | 赢 yíng 동 이기다 | **其他** qítā 명 기타, 그 외 | **头巾** tóujīn 명 두건, 스카프 | **当然** dāngrán 부 당연히, 물론 | **红色** hóngsè 명 빨간색 | **炸鸡** zhájī 명 프라이드치킨

十岁的生日

我后天就要过21岁的生日了。 每年过生日的时候,
Wǒ hòutiān jiù yào guò èrshíyī suì de shēngrì le.　Měinián guò shēngrì de shíhou,

我都总是想起十岁的生日。
wǒ dōu zǒngshì xiǎngqǐ shí suì de shēngrì.

每次过生日前, 爸爸妈妈都问我想要什么礼物,
Měicì guò shēngrì qián,　bàba māma dōu wèn wǒ xiǎng yào shénme lǐwù,

然后买来送给我。 但十岁那年, 他们没问我。 我觉得很
ránhòu mǎilái sònggěi wǒ.　Dàn shí suì nà nián,　tāmen méi wèn wǒ.　Wǒ juéde hěn

奇怪, 所以问爸爸: "你们不问我想要什么吗?" 爸爸
qíguài,　suǒyǐ wèn bàba:　"Nǐmen bú wèn wǒ xiǎng yào shénme ma?"　Bàba

说: "今年你要叫几个朋友来家里, 我们同意了, 那就
shuō:　"Jīnnián nǐ yào jiào jǐ ge péngyou lái jiā li,　wǒmen tóngyì le,　nà jiù

是礼物了, 是不是?"
shì lǐwù le,　shì bu shì?"

奇怪 qíguài 형 의아하다, 이상하다, 뜻밖이다 | 同意 tóngyì 명 동 동의(하다), 찬성(하다)

生日那天， 几个好朋友来我家， 他们带来了很多
Shēngrì nà tiān, jǐ ge hǎo péngyou lái wǒ jiā, tāmen dàilái le hěn duō

礼物， 我很喜欢， 但没收到爸爸妈妈的礼物， 我有点儿
lǐwù, wǒ hěn xǐhuan, dàn méi shōudào bàba māma de lǐwù, wǒ yǒudiǎnr

伤心。 这时， 爸爸拿来一个大箱子， 我打开箱子， 哇! 是
shāngxīn. Zhèshí, bàba nálái yí ge dà xiāngzi, wǒ dǎkāi xiāngzi, wā! Shì

一只小狗! 爸爸说： "我的儿子都十岁了， 长大了， 能
yì zhī xiǎogǒu! Bàba shuō: "Wǒ de érzi dōu shí suì le, zhǎngdà le, néng

好好儿照顾这只小狗， 是不是？" 我高兴地说： "我
hǎohāor zhàogù zhè zhī xiǎogǒu, shì bu shì?" Wǒ gāoxìng de shuō: "Wǒ

一定好好儿照顾它！"
yídìng hǎohāor zhàogù tā!"

那天我们一起和小狗玩儿， 可高兴了! 那年的生日
Nà tiān wǒmen yìqǐ hé xiǎogǒu wánr, kě gāoxìng le! Nà nián de shēngrì

我永远不会忘记。
wǒ yǒngyuǎn bú huì wàngjì.

독해2 확인 학습

1. 나는 매년 생일 때마다 무엇이 생각납니까?

① 爸爸妈吗　　　　② 小狗　　　　③ 十岁的生日

2. 나의 10살 생일에 부모님이 준비한 선물은 무엇입니까?

① 没有　　　　② 小狗　　　　③ 同意我叫几个朋友来家里

3. 나의 생일 전 부모님은 매번 가장 먼저 무엇을 합니까?

① 问我想要什么　　　　② 准备很多礼物　　　　③ 和我一起玩儿

这时 zhèshí 대 이때, 요즘 | 哇 wā 감 아, 와, 어머 감탄의 어감을 나타냄 | 照顾 zhàogù 동 돌보다, 보살펴 주다 | 地 de 조 ~게 단어나 구의 뒤에 붙어 서술어를 수식하는 부사어로 만드는 표지 | 永远 yǒngyuǎn 형 영원하다 부 영원히, 길이길이 | 会 huì 조동 ~할 것이다 | 忘记 wàngjì 동 잊어버리다

1. 겸어문(1)

한 문장에 두 개의 서술어가 있고, 첫 번째 서술어의 목적어가 두 번째 서술어의 주어 역할을 겸할 때 이러한 성분을 '겸어'라고 부르며 이러한 구조를 포함하는 문장을 '겸어문'이라고 합니다.

他们 S_1	请 V_1	我 O_1 / S_2 겸어	唱 V_2	一首歌。 O_2
그들은 나에게 노래 한 곡을 불러달라고 요청했다.				

겸어문의 첫 번째 서술어에는 주로 '~에게 ~하도록 요청하다/시키다'라는 사역 의미의 동사가 오는데, 대표적인 것으로는 '请, 叫, 让'이 있습니다.

▶老板请我谈谈自己的意见。 사장님은 나에게 의견을 좀 말해 달라고 부탁하셨다.
　Lǎobǎn qǐng wǒ tántan zìjǐ de yìjiàn.

▶老师叫我回答这个问题。 선생님께서는 나에게 이 문제에 대답하라고 하셨다.
　Lǎoshī jiào wǒ huídá zhè ge wèntí.

▶妈妈让我去超市买东西。 엄마는 나에게 슈퍼마켓에 물건을 사러 다녀오라고 하셨다.
　Māma ràng wǒ qù chāoshì mǎi dōngxi.

부정문은 첫 번째 동사서술어 앞에 '不'나 '没(有)'를 사용해서 만듭니다.

▶爸爸不让我们这样做。 아빠는 우리가 이렇게 하는 것을 허락하시지 않는다.
　Bàba bú ràng wǒmen zhèyàng zuò.

▶大夫没(有)让我吃这种药。 의사 선생님께서는 내가 이런 약을 먹는 것을 허락하시지 않았다.
　Dàifu méi(yǒu) ràng wǒ chī zhè zhǒng yào.

意见 yìjiàn 명 의견

2. 임박상

가까운 미래에 곧 어떤 상황이 발생할 것임을 나타낼 때 '要……了'를 사용하여 표현합니다.

▶ 足球比赛要开始了。 축구 경기가 곧 시작한다.
　Zúqiú bǐsài yào kāishǐ le.

'要……了' 외에도 '快要……了', '就要……了'로 말할 수도 있는데, '快要……了'는 '要'를 생략한 '快……了' 형태로 사용할 수 있으며 '就要……了' 앞에는 시간부사어가 올 수 있습니다.

▶ 飞机快(要)起飞了。 비행기가 곧 이륙한다.
　Fēijī kuài (yào) qǐfēi le.

▶ 我们下周就要考试了。 우리는 다음 주에 곧 시험을 본다.
　Wǒmen xiàzhōu jiù yào kǎoshì le.

3. '是不是' 의문문

물어보는 사람이 이미 확신을 두고 있는 어떤 일에 대해 다른 사람의 확인을 얻고 싶을 때 '是不是'를 사용하는데, '是不是'는 서술어 앞이나 문장 끝 또는 문장 앞에 옵니다.

▶ 你们是不是要毕业了？ 너희들 곧 졸업하는 거 아니니?
　Nǐmen shì bu shì yào bì yè le?

▶ 你们要毕业了，是不是？ 너희들 곧 졸업이구나. 그렇지 않니?
　Nǐmen yào bì yè le, shì bu shì?

▶ 是不是你们要毕业了？ 너희들 곧 졸업이지 않니?
　Shì bu shì nǐmen yào bì yè le?

下周 xiàzhōu 명 다음 주 | 毕业 bì//yè 동 졸업하다 毕了业

4. '的'자구(2)

'的'는 명사, 동사, 형용사와 함께 '的'자구를 구성한 후, 명사가 담당하는 문장성분의 역할을 충당할 수 있습니다.

▶蓝的好看，红的也好看，两种我都要。
  Lán de hǎokàn, hóng de yě hǎokàn, liǎng zhǒng wǒ dōu yào.
  파란 것도 예쁘고 빨간 것도 예뻐서, 두 종류를 나는 모두 원한다.

▶这是我最喜欢吃的。　이것은 내가 가장 좋아하는 먹거리다.
  Zhè shì wǒ zuì xǐhuan chī de.

▶这部电影不是中国的，是美国的。　이 영화는 중국 것이 아니라, 미국 거다.
  Zhè bù diànyǐng bú shì Zhōngguó de, shì Měiguó de.

红 hóng 형 붉다, 빨갛다

04 연습 문제

1. 녹음을 듣고 알맞은 답을 고르세요. 09-08

(1) 金允瑞让朋友帮她买什么东西？

❶ 炸鸡　　　　　❷ 头巾　　　　　❸ 啤酒

(2) 头巾是什么颜色？

❶ 红色　　　　　❷ 蓝色　　　　　❸ 黑色

2. 녹음을 듣고 질문의 답안과 일치하면 ○, 틀리면 ✕를 표시하세요. 09-09

(1) 妈妈让我去商场买东西。

(2) 爸爸不让我这样做。

(3) 是，我明天就要过生日了。

3. 사진을 보고 상황에 맞게 대화를 완성해 보세요.

(1)

A: _____
　　('什么时候' 사용)

B: 我们马上就要考试了。

(2)

A: 她请你做什么？

B: _____

4. 다음 문장을 중국어로 써 보세요.

(1) 그들은 나에게 노래 한 곡을 불러 달라고 요청했다.

» _____

(2) 의사 선생님께서는 내가 이런 약을 먹는 것을 허락하시지 않았다.

» _____

(3) 비행기가 곧 이륙한다.

» _____

(4) 너희들 곧 졸업이구나. 그렇지 않니?

» _____

(5) 나는 파란 것이 더 예쁜 것 같다.

» _____

5. 다음 단어 및 구를 어순에 알맞게 배열해 보세요.

(1) 马上 / 要 / 比赛 / 就 / 了 / 开始 / 。

» 足球 _____

(2) 请 / 我 / 没 / 聚会 / 参加 / 。

» 他们 _____

(3) 没电 / 的 / 快 / 手机 / 了 / 。

» 我 _____

(4) 要 / 5分钟后 / 就 / 了 / 开 / 。

» 火车 _____

(5) 我 / 吃 / 是 / 最 / 喜欢 / 的 / 。

» 这 _____

중국 문화

붉은색을 좋아하는 중국인

✦ 红包의 유래

한국에서는 축의금이나 세뱃돈을 넣을 때 주로 흰색 봉투를 사용하지만, 중국에서 우리 습관대로 흰색 봉투를 사용한다면 큰 결례를 범하게 된다. 중국에서 흰색 봉투는 조의금을 낼 때 사용하기 때문이다. 대신 중국인들은 붉은색 봉투인 红包로 마음을 전한다. 중국인들은 전통적으로 붉은색이 액운을 쫓고 행운을 가져다준다고 여긴다.

중국 국기인 五星红旗 Wǔxīng Hóngqí 도 붉은색을 바탕으로 하며, 결혼식이나 중국 설날인 春节 같은 경사스러운 날에는 사방을 온통 붉은색으로 장식하기도 한다. 또한, 결혼이나 생일과 같은 경사스러운 일에 마음을 표할 때도 상대방에게 복을 기원하는 의미에서 붉은색 봉투를 사용해 왔다. 여기에서 유래하여 붉은색 봉투를 의미하는 红包는 세뱃돈, 상여금, 보너스의 의미로 파생하게 되었다.

微信红包

붉은색으로 장식한 신혼집

春节 장식용품

마트에 진열된 春节 장식용품

- 红包에 적힌 복을 의미하는 글자 및 표현

글자 및 표현	뜻
财 cái	재물, 재산
大吉大利 dà jí dà lì	모든 일이 순조롭다, 운수대통하다
福 fú	복, 행복, 행복하다
贺 hè	경축하다, 축하하다
囍, 双喜 shuāngxǐ	경사(기쁠 희 '喜'자 두 개를 겹쳐 쓴 글자로 주로 결혼 축하에 사용함)
旺 wàng	성하다, 번성하다, 왕성하다
招财进宝 zhāo cái jìn bǎo	재운(财运)을 불러오다

我听不懂老师的话。

나는 선생님의 말씀을 이해할 수 없어요.

‹학습 목표›

❶ 어떤 동작의 결과를 만들어 낼 수 있는지
   여부 표현하기

❷ 주관적인 생각 나타내기

문형 ①

我听得懂老师的话。 / 我听不懂老师的话。

10-01
Wǒ tīng de dǒng lǎoshī de huà. / Wǒ tīng bu dǒng lǎoshī de huà.

나는 선생님의 말씀을 알아들을 수 있다. / 나는 선생님의 말씀을 알아들을 수 없다.

听 tīng	듣다	见 jiàn	보다	你说的话 nǐ shuō de huà	네가 한 말
修 xiū	고치다	好 hǎo	좋다	你的电脑 nǐ de diànnǎo	네 컴퓨터
看 kàn	보다	清楚 qīngchu	뚜렷하다	黑板上的字 hēibǎn shang de zì	칠판의 글씨

A 你听得懂老师的话吗? 너 선생님 말씀을 알아들을 수 있니?
Nǐ tīng de dǒng lǎoshī de huà ma?

我听得懂老师的话。 / 我听不懂老师的话。 **B**
Wǒ tīng de dǒng lǎoshī de huà. / Wǒ tīng bu dǒng lǎishī de huà.
나는 선생님 말씀을 알아들을 수 있어. / 나는 선생님 말씀을 알아들을 수 없어.

 문형 ②

吃饭前我们回得来。 / 吃饭前我们回不来。

10-02
Chī fàn qián wǒmen huí de lái. / Chī fàn qián wǒmen huí bu lái.

밥 먹기 전에 우리는 돌아올 수 있다. / 밥 먹기 전에 우리는 돌아올 수 없다.

六点以前 Liù diǎn yǐqián	6시 이전	起 qǐ	일어나다	来 lái	오다
这条路 Zhè tiáo lù	이 길	过 guò	건너다	去 qù	가다
学校网站 Xuéxiào wǎngzhàn	학교 홈페이지	进 jìn	들어가다(접속하다)	去 qù	가다

A 吃饭前你们回得来回不来? 밥 먹기 전에 너희 돌아올 수 있니 없니?
Chī fàn qián nǐmen huí de lái huí bu lái?

吃饭前我们回得来。 / 吃饭前我们回不来。
Chī fàn qián wǒmen huí de lái. / Chī fàn qián wǒmen huí bu lái.
밥 먹기 전에 우리는 돌아올 수 있어. / 밥 먹기 전에 우리는 돌아올 수 없어.

得 de 조 ~할 수 있다 동사와 보어의 가운데 쓰여 가능을 나타냄 | 清楚 qīngchu 형 분명하다, 뚜렷하다 | 黑板 hēibǎn 명

칠판 | 过 guò 동 건너다

문형 ③

这个问题我理解不了，我觉得太难了。

Zhè ge wèntí wǒ lǐjiě bu liǎo, wǒ juéde tài nán le.

이 문제를 나는 이해할 수 없다. 너무 어려운 것 같다.

10-03

这本书 Zhè běn shū	이 책	借 jiè	빌리다	我没(有)带学生证 wǒ méi(yǒu) dài xuéshēngzhèng	나는 학생증을 가져 오지 않았다
同学聚会 Tóngxué jùhuì	동창 모임	去 qù	가다	晚上我有急事 wǎnshang wǒ yǒu jíshì	저녁에 나는 급한 일이 있다
香菜 Xiāngcài	고수	吃 chī	먹다	我还不习惯香菜的味儿 wǒ hái bù xíguàn xiāngcài de wèir	나는 아직 고수 맛에 익숙하지 않다

Ⓐ 这个问题你理解得了吗? 이 문제 너는 이해할 수 있니?
Zhè ge wèntí nǐ lǐjiě de liǎo ma?

这个问题我理解不了，我觉得太难了。 **Ⓑ**
Zhè ge wèntí wǒ lǐjiě bu liǎo, wǒ juéde tài nán le.
이 문제를 나는 이해할 수 없어. 너무 어려운 것 같아.

문형 ④

我以为他已经出国了，原来他还在国内。

Wǒ yǐwéi tā yǐjīng chū guó le, yuánlái tā hái zài guónèi.

나는 그가 이미 출국한 줄 알았는데, 알고 보니 그는 아직 국내에 있었다.

10-04

他是李丽的男朋友 tā shì Lǐ Lì de nán péngyou	그는 리리의 남자 친구이다	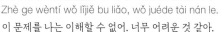原来他是李丽的哥哥 yuánlái tā shì Lǐ Lì de gēge	알고 보니 그는 리리의 오빠였다
他还不知道 tā hái bù zhīdào	그는 아직 모른다	其实他早就知道了 qíshí tā zǎojiù zhīdào le	사실 그는 진작에 알고 있었다
他会说汉语 tā huì shuō Hànyǔ	그는 중국어를 할 줄 안다	其实他连一句话也不会说 qíshí tā lián yí jù huà yě bú huì shuō	사실 그는 한마디 도 할 줄 모른다

Ⓐ 他已经出国了，是不是? 그는 이미 출국했지, 그렇지 않니?
Tā yǐjīng chū guó le, shì bu shì?

我以为他已经出国了，原来他还在国内。 **Ⓑ**
Wǒ yǐwéi tā yǐjīng chū guó le, yuánlái tā hái zài guónèi.
나는 그가 이미 출국한 줄 알았는데, 알고 보니 그는 아직 국내에 있었어.

理解 lǐjiě 명 동 이해(하다) | 了 liǎo 동 마치다, 끝내다, 완료하다 '……得了/不了'의 형식으로 동사 뒤에 출현하여 동작의 완료 가능성 여부를 나타냄 | 急 jí 형 급하다 | 香菜 xiāngcài 명 고수 | 味儿 wèir 명 맛, 냄새 | 以为 yǐwéi 동 ~인 줄 알다, 생각하다 | 出国 chū//guó 동 출국하다 出过国 | 国内 guónèi 명 국내 | 其实 qíshí 부 사실은, 실제는 | 早就 zǎojiù 부 진작, 벌써 | 句 jù 양 마디, 편 말이나 글의 수를 세는 단위

作业还没(有)做完。 숙제를 아직 다 못했다.

 Zuòyè hái méi(yǒu) zuòwán.

签证 Qiānzhèng	비자	办好 bànhǎo	발급 완료하다
她 Tā	그녀	回来 huílái	돌아오다
成绩 Chéngjì	성적	出来 chūlái	나오다

 作业做完了吗? 숙제 다 했니?
Zuòyè zuòwán le ma?

作业还没(有)做完。 숙제 아직 다 못했어.
Zuòyè hái méi(yǒu) zuòwán.

签证 qiānzhèng 명 비자 | 成绩 chéngjì 명 성적, 성과

독해1 🎧 10-06

上初中的时候，我很喜欢学数学。上高中后，我
Shàng chūzhōng de shíhou, wǒ hěn xǐhuan xué shùxué.　Shàng gāozhōng hòu, wǒ

觉得数学太难了。有时老师讲的我听不懂，越听不懂，
juéde shùxué tài nán le.　　Yǒushí lǎoshī jiǎng de wǒ tīng bu dǒng,　yuè tīng bu dǒng,

越没信心，所以妈妈给我请了一位家教。他讲得非常好，
yuè méi xìnxīn,　　suǒyǐ māma gěi wǒ qǐng le yí wèi jiājiào.　　Tā jiǎng de fēicháng hǎo,

告诉我想学好数学，要先理解再练习。我跟他学了几个
gàosu wǒ xiǎng xuéhǎo shùxué,　yào xiān lǐjiě zài liànxí.　　Wǒ gēn tā xué le jǐ ge

月后，以前听不懂的能听懂了，理解不了的也越来越少
yuè hòu,　yǐqián tīng bu dǒng de néng tīngdǒng le,　lǐjiě bu liǎo de yě yuè lái yuè shǎo

了。考试取得了好成绩，更有信心了。
le.　　Kǎoshì qǔdé le hǎo chéngjì,　　gèng yǒu xìnxīn le.

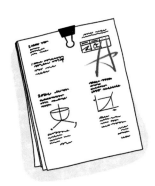

독해1 확인 학습

1. 나는 언제부터 수학이 어렵다고 생각했습니까?

　① 上小学的时候　　　② 上初中的时候　　　③ 上高中后

2. 다음 중 내가 수학 과외를 한 뒤에 생겨난 변화가 <u>아닌</u> 것은 무엇입니까?

　① 取得了好成绩　　　② 有了信心　　　③ 理解不了的都能理解了

上 shàng 동 (규정된 시간에 일이나 공부를) 하다 | 初中 chūzhōng 명 중학교 | 数学 shùxué 명 수학 | 位 wèi 양 분 존경의 뜻을 내포한 사람을 세는 단위 | 家教 jiājiào 명 가정 교사, 과외 선생님, 과외 | 取得 qǔdé 동 획득하다, 취득하다, 얻다

健康第一

我来中国快一年了，汉语进步很大，但英语忘记了
Wǒ lái Zhōngguó kuài yì nián le,　Hànyǔ jìnbù hěn dà,　　dàn Yīngyǔ wàngjì le

很多。美国同学说英语的时候，我听得懂，但说不好。
hěn duō.　Měiguó tóngxué shuō Yīngyǔ de shíhou,　wǒ tīng de dǒng,　dàn shuō bu hǎo.

怎么办呢？
Zěnme bàn ne?

对了！一个高中朋友去加拿大留学了，我要听听她
Duì le!　Yí ge gāozhōng péngyou qù Jiānádà liú xué le,　　wǒ yào tīngting tā

的建议。我给她发了短信：“你在那边过得好吗？”
de jiànyì.　Wǒ gěi tā fā le duǎnxìn:　"Nǐ zài nàbiān guò de hǎo ma?"

“我已经回国了。” “你说要去一年，我以为你还在
"Wǒ yǐjīng huí guó le."　"Nǐ shuō yào qù yì nián,　wǒ yǐwéi nǐ hái zài

加拿大，原来你已经回来了。在那边学习怎么样？”
Jiānádà,　　yuánlái nǐ yǐjīng huílái le.　　Zài nàbiān xuéxí zěnmeyàng?"

进步 jìnbù 명 동 진보(하다), 향상(하다) | 加拿大 Jiānádà 고유 캐나다 | 建议 jiànyì 명 동 건의(하다), 제안(하다) | 回国 huí//guó 동 귀국하다 回不了国

"英语进步非常快。 过了两三个月, 听不懂的慢慢儿都能
"Yīngyǔ jìnbù fēicháng kuài.　Guò le liǎng sān ge yuè,　tīng bu dǒng de mànmānr dōu néng

听懂了。"　"那你为什么这么早就回来了？"　"别的都
tīngdǒng le."　"Nà nǐ wèishénme zhème zǎo jiù huílái le?"　"Biéde dōu

很好, 不过我一直吃不惯。宿舍里做不了饭, 所以有时
hěn hǎo,　búguò wǒ yìzhí chī bu guàn.　Sùshè li zuò bu liǎo fàn,　suǒyǐ yǒushí

吃饭, 有时不吃饭, 身体越来越不好。"
chī fàn,　yǒushí bù chī fàn,　shēntǐ yuè lái yuè bù hǎo."

　　以前我最担心的是汉语学不好, 英语也学不好, 但
　　Yǐqián wǒ zuì dān xīn de shì Hànyǔ xué bu hǎo,　Yīngyǔ yě xué bu hǎo,　dàn

现在觉得最重要的是身体健康。健康第一！
xiànzài juéde zuì zhòngyào de shì shēntǐ jiànkāng.　Jiànkāng dì yī!

독해2 확인 학습

1. 나는 중국에 온 지 얼마나 됐습니까?
　① 两三个月　　② 快一年了　　③ 十几年

2. 나의 친구가 캐나다에 유학한 뒤 생긴 변화가 <u>아닌</u> 것은 무엇입니까?
　① 英语进步很大　　② 汉语忘记了很多　　③ 一直吃不惯

3. 지금 내가 가장 중요하게 생각하는 것은 무엇입니까?
　① 身体健康　　② 汉语学不好　　③ 英语学不好

一直 yìzhí 부 줄곧, 내내 | **惯** guàn 동 습관이 되다, 익숙해지다 | **担心** dān//xīn 동 염려하다, 걱정하다 担什么心 | **重要** zhòngyào 형 중요하다

03 문법 학습

1. 가능보어 'V+得/不+C'

동사서술어 뒤에 쓰여 동작의 가능 여부를 나타내는 보어를 가능보어라고 합니다. 실제 언어 환경에서는 '~할 수 있다'를 나타낼 때는 '能+V+C'를, '~할 수 없다'를 나타낼 때는 'V+不+C'를 주로 사용합니다.

가능보어는 '동사-결과보어'와 '동사-방향보어' 사이에 '得'나 '不'를 사용하여 만듭니다. 어떤 동작의 결과를 만들어 낼 수 있는 능력이나 객관적인 조건이 있는지 여부를 나타냅니다.

▶ 我听得懂老师的话。　나는 선생님의 말씀을 이해할 수 있다.
　Wǒ tīng de dǒng lǎoshī de huà.

▶ 吃饭前我们回得来。　밥 먹기 전에 우리는 돌아올 수 있다.
　Chī fàn qián wǒmen huí de lái.

▶ 我看不清楚黑板上的字。　나는 칠판의 글씨가 잘 안 보인다.
　Wǒ kàn bu qīngchu hēibǎn shang de zì.

▶ 学校网站我们进不去。　학교 홈페이지에 우리는 접속할 수 없다.
　Xuéxiào wǎngzhàn wǒmen jìn bu qù.

의문문은 문장 끝에 '吗'를 사용하여 만들거나, 긍정형 'V+得+C'와 부정형 'V+不+C'를 나열해 긍정부정의문문으로 만듭니다.

▶ 老师说的话你听得懂吗?　선생님 말씀을 너 이해할 수 있니?
　Lǎoshī shuō de huà nǐ tīng de dǒng ma?

▶ 老师说的话你听得懂听不懂?　선생님 말씀을 너 이해할 수 있니 없니?
　Lǎoshī shuō de huà nǐ tīng de dǒng tīng bu dǒng?

▶ 吃饭前你回得来吗?　밥 먹기 전에 너 돌아올 수 있니?
　Chī fàn qián nǐ huí de lái ma?

▶ 吃饭前你回得来回不来?　밥 먹기 전에 너 돌아올 수 있니 없니?
　Chī fàn qián nǐ huí de lái huí bu lái?

이 밖에도 동사 뒤에 '得了'나 '不了'를 더하여 단순히 동작이나 행위를 완료할 수 있는지 없는지를 나타내기도 합니다. 이때 '了'는 'liǎo'로 발음합니다.

▶ 这个问题你理解得了吗?　이 문제를 너는 이해할 수 있니?
　Zhè ge wèntí nǐ lǐjiě de liǎo ma?

▶ 这么多的菜, 我一个人吃不了。　이렇게 많은 요리를 나 혼자서는 다 먹을 수 없다.
　Zhème duō de cài, wǒ yí ge rén chī bu liǎo.

이 경우 의문문은 문장 끝에 '吗'를 써서 만들거나, 'V+得了'와 'V+不了'를 나열해 긍정부정의문문으로 만듭니다.

▶ 这么多的菜，你一个人吃得了吗？ 이렇게 많은 요리를 너 혼자서 다 먹을 수 있니?
　 Zhème duō de cài, nǐ yí ge rén chī de liǎo ma?

▶ 这么多的菜，你一个人吃得了吃不了？
　 Zhème duō de cài, nǐ yí ge rén chī de liǎo chī bu liǎo?
　 이렇게 많은 요리를 너 혼자서 다 먹을 수 있니 없니?

2. 동사 '以为'

'以为'는 주관적인 판단을 내릴 때 쓰는 동사인데, 주관적으로 추측한 결과가 사실과 일치하지 않는 경우에 사용합니다. '~라고 여겼는데 아니다'라는 의미를 나타내며 '原来', '其实' 등의 단어와 함께 쓰이는 경우가 많습니다.

▶ 我以为他是中国人，原来他是韩国人。
　 Wǒ yǐwéi tā shì Zhōngguórén, yuánlái tā shì Hánguórén.
　 나는 그가 중국인이라고 생각했는데, 알고 보니 그는 한국인이었다.

▶ 我以为他会说汉语，其实他连一句话也不会说。
　 Wǒ yǐwéi tā huì shuō Hànyǔ, qíshí tā lián yí jù huà yě bú huì shuō.
　 나는 그가 중국어를 할 줄 안다고 생각했는데, 사실 그는 한마디도 할 줄 몰랐다.

3. 부사 '还'(2)

'还'는 어떤 상태나 현상이 변함없이 계속 존재하거나 어떤 동작이 계속됨을 나타냅니다. 부정할 때는 부정부사 '不', '没(有)'를 '还' 뒤에 씁니다.

▶ 凌晨四点天还很黑。 새벽 4시에는 날이 아직 어둡다.
　 Língchén sì diǎn tiān hái hěn hēi.

▶ 这件事他还不知道。 이 일을 그는 아직 모른다.
　 Zhè jiàn shì tā hái bù zhīdào.

▶ 他的病还没(有)好。 그의 병은 아직 낫지 않았다.
　 Tā de bìng hái méi(yǒu) hǎo.

1. 녹음을 듣고 알맞은 답을 고르세요. 🎧 10-08

   (1) 数学家教老师讲得怎么样?

   ❶ 讲得很好　　　　　❷ 讲得非常好　　　　　❸ 讲得不好

   (2) 我什么时候喜欢上数学?

   ❶ 小学　　　　　❷ 初中　　　　　❸ 高中

2. 녹음을 듣고 질문의 답안과 일치하면 ○, 틀리면 ✕를 표시하세요. 🎧 10-09

   (1) 你的笔记本电脑我能修得好。

   (2) 吃饭前我们回得来。

   (3) 我以为他是李丽的男朋友，原来他是李丽的哥哥。

3. 사진을 보고 상황에 맞게 대화를 완성해 보세요.

   (1)

   A: _____
   　　(긍정부정의문문 사용)

   B: 六点以前我起得来。

   (2)

   A: 这个问题你理解得了吗?

   B: _____，我觉得太难了。

4. 다음 문장을 중국어로 써 보세요.

(1) 나는 그들이 하는 말을 이해할 수 있다.

>> _____

(2) 나는 칠판의 글씨가 잘 안 보인다.

>> _____

(3) 학교 홈페이지에 들어갈 수 없는데, 어떡하지?

>> _____

(4) 나는 네가 아직 캐나다에 있는 줄 알았는데, 알고 보니 너 이미 돌아왔구나.

>> _____

(5) 이 일을 그는 아직 모른다.

>> _____

5. 다음 단어 및 구를 어순에 알맞게 배열해 보세요.

(1) 但是 / 我 / 得懂 / 出来 / 不 / 说 / 听 / , / 。

>> 英语 _____

(2) 不了 / 饭 / 宿舍里 / 做 / 。

>> 学校 _____

(3) 你 / 得了 / 一个人 / 吃 / 吗 / ?

>> 这么多的菜, _____

(4) 他(2회) / 是(2회) / 中国人 / 以为 / 韩国人 / 原来 / , / 。

>> 我 _____

(5) 做 / 作业 / 还 / 没 / 完 / 。

>> 我 _____

중국 문화

중국어 빠른 말놀이(绕口令 ràokǒulìng)

绕口令은 중국어 언어유희 중 하나로 한국어의 '간장 공장 공장장은……'으로 시작하는 문장 유희와 유사한 방식이다. 绕口令에서는 성모나 운모 부분의 발음이 비슷한 글자를 연이어 중복으로 배치한 문장이나 여러 개의 쌍성, 첩운 어휘로 구성된 문장을 빠르게 읽는 것이 요구된다. 소리가 비슷한 글자들로 조합된 문장을 정확하고 빠르게 읽는 것은 쉽지 않은데, 그것이 바로 绕口令의 묘미라 할 수 있다. 또한 绕口令은 글자 조합이 만든 엉뚱하고 재미있는 의미와 소리 내어 읽는 과정에서 자연스레 느껴지는 리듬감을 특징으로 한다. 이러한 绕口令은 언어유희가 주는 재미 외에도, 중국어 발음 연습에도 매우 유용해서 교육용 목적으로도 자주 활용된다.

绕口令 예시

1	吃葡萄不吐葡萄皮儿, 포도를 먹는데 포도 껍질을 뱉지 않고, Chī pútao bù tǔ pútao pír, 不吃葡萄倒吐葡萄皮儿。 포도를 안 먹는데 오히려 포도 껍질을 뱉는다. bù chī pútao dào tǔ pútao pír.
2	门口有四辆四轮大马车, 입구에 사륜 대형 마차가 네 대 있으니. Ménkǒu yǒu sì liàng sì lún dà mǎchē, 你爱拉哪两辆就来拉哪两辆。 당신이 끌고 싶은 두 대를 끌러 오시오. nǐ ài lā nǎ liǎng liàng jiù lái lā nǎ liǎng liàng.
3	坡上立着一只鹅，坡下就是一条河。 Pō shang lì zhe yì zhī é, pō xià jiù shì yì tiáo hé. 언덕 위에는 거위 한 마리가 서 있고, 언덕 아래에는 바로 강이 있네. 宽宽的河，肥肥的鹅，鹅要过河，河要渡鹅。 Kuānkuān de hé, féiféi de é, é yào guò hé, hé yào dù é. 넓고 넓은 강과 포동포동한 거위, 거위는 강을 건너려 하고, 강은 거위를 건너 주려 하네. 不知是鹅过河，还是河渡鹅。 Bù zhī shì é guò hé, háishi hé dù é. 거위가 강을 건너는 것인지 아니면 강이 거위를 건너 주는 것인지 모르겠구나.

我在听音乐呢。

나 음악 듣는 중이야.

《학습 목표》

❶ 진행 중인 동작 표현하기

❷ 두 가지 동작이 동시에 발생하는 것 표현하기

❸ 동시에 존재하는 성질이나 동작 표현하기

문형 1

我在看电影(呢)。 나는 영화를 보는 중이다.

 11-01
Wǒ zài kàn diànyǐng (ne).

她	그녀	弹吉他	기타 치다
Tā		tán jítā	
他	그	打篮球	농구하다
Tā		dǎ lánqiú	
妈妈	엄마	做菜	요리하다
Māma		zuò cài	

A 你在干什么(呢)? 너 뭐 하는 중이니?
Nǐ zài gàn shénme (ne)?

我在看电影(呢)。 나 영화 보는 중이야. B
Wǒ zài kàn diànyǐng (ne).

 문형 2

昨天晚上你打电话的时候，我正在睡觉呢。

 11-02
Zuótiān wǎnshang nǐ dǎ diànhuà de shíhou, wǒ zhèngzài shuì jiào ne.
어제저녁에 네가 전화했을 때, 나는 자고 있었다.

你来找我	네가 나를 찾아오다	上补习班	학원 수업하다
nǐ lái zhǎo wǒ		shàng bǔxíbān	
你敲门	네가 문을 두드리다	洗澡	샤워하다
nǐ qiāo mén		xǐ zǎo	
妈妈回来	엄마가 돌아오다	看电视	TV를 보다
māma huílái		kàn diànshì	

A 昨天晚上我打电话的时候，你正在做什么呢?
Zuótiān wǎnshang wǒ dǎ diànhuà de shíhou, nǐ zhèngzài zuò shénme ne?
어제저녁에 내가 전화했을 때, 너 뭐하고 있었니?

昨天晚上你打电话的时候，我正在睡觉呢。 B
Zuótiān wǎnshang nǐ dǎ diànhuà de shíhou, wǒ zhèngzài shuì jiào ne.
어제저녁에 네가 전화했을 때, 나는 자고 있었어.

 在 zài 부 ~하고 있다 | 呢 ne 조 ~하고 있다 문장 끝에 쓰여 동작이 계속되고 있음을 나타냄 | 正在 zhèngzài 부 마침 ~하고 있다 | 补习班 bǔxíbān 명 학원 | 敲门 qiāo//mén 동 문을 두드리다, 노크하다 敲一下门

我一边听音乐，一边做作业。

Wǒ yìbiān tīng yīnyuè, yìbiān zuò zuòyè.

나는 음악을 들으면서 숙제한다.

11-03

看电视 kàn diànshì	TV를 보다	吃饭 chī fàn	밥 먹다
玩儿游戏 wánr yóuxì	게임하다	吃方便面 chī fāngbiànmiàn	라면 먹다
唱歌 chàng gē	노래 부르다	跳舞 tiào wǔ	춤추다

A 你一边听音乐，还能一边干什么呢？ 너 음악 들으면서, 또 무엇을 할 수 있니?
Nǐ yìbiān tīng yīnyuè, hái néng yìbiān gàn shénme ne?

我一边听音乐，一边做作业。 나는 음악 들으면서 숙제해.
Wǒ yìbiān tīng yīnyuè, yìbiān zuò zuòyè. **B**

她又聪明又用功。 그녀는 똑똑하고 열심히 공부한다.

Tā yòu cōngmíng yòu yònggōng.

11-04

我现在 Wǒ xiànzài	나는 지금	累 lèi	피곤하다	饿 è	배고프다
他的房间 Tā de fángjiān	그의 방	干净 gānjìng	깨끗하다	整洁 zhěngjié	깔끔하다
这件衣服 Zhè jiàn yīfu	이 옷	好看 hǎokàn	예쁘다	便宜 piányi	저렴하다

A 她那个人怎么样？ 그 여자애 어때?
Tā nà ge rén zěnmeyàng?

她又聪明又用功。 그녀는 똑똑하고 열심히 공부해.
Tā yòu cōngmíng yòu yònggōng. **B**

一边 yìbiān 접 한편으로 ~하면서 (~하다) '一边……一边……'의 형식으로 쓰임 | 方便面 fāngbiànmiàn 명 라면 | 聪明 cōngmíng 형 똑똑하다, 영리하다 | 用功 yònggōng 동 (공부에) 노력하다, 힘쓰다 | 整洁 zhěngjié 형 깔끔하다, 깨끗하다

还是上口语课吧，会说话很重要。

Háishi shàng kǒuyǔ kè ba, huì shuō huà hěn zhòngyào.
그냥 회화 수업을 듣자. 말을 할 줄 아는 것이 중요하다.

11-05

买这个 mǎi zhè ge	이것을 사다	那个有点儿大 nà ge yǒudiǎnr dà	저것은 조금 크다
喝茶 hē chá	차를 마시다	咖啡喝不惯 kāfēi hē bu guàn	커피 마시는 것은 익숙하지 않다
看电影 kàn diànyǐng	영화를 보다	电视剧太长了 diànshìjù tài cháng le	드라마는 너무 길다

你想上口语课还是阅读课?
Nǐ xiǎng shàng kǒuyǔ kè háishi yuèdú kè?
너는 회화 수업을 듣고 싶니, 아니면 독해 수업을 듣고 싶니?

还是上口语课吧，会说话很重要。
Háishi shàng kǒuyǔ kè ba, huì shuō huà hěn zhòngyào.
그냥 회화 수업을 듣자. 말을 할 줄 아는 것이 중요해.

还是 háishi 부 차라리, 역시 (~하는 편이 더 좋겠다) | **说话** shuō//huà 동 말하다, 이야기하다 说好话 | **阅读** yuèdú 동 읽다, 열람하다

독해1 🎧 11-06

一个星期中你最喜欢哪一天？ 我觉得还是周五最
Yí ge xīngqī zhōng nǐ zuì xǐhuan nǎ yì tiān?　　Wǒ juéde háishi zhōuwǔ zuì

幸福。 周五有口语、阅读等很多课， 但想一想周末有
xìngfú.　Zhōuwǔ yǒu kǒuyǔ,　yuèdú děng hěn duō kè,　dàn xiǎng yi xiǎng zhōumò yǒu

两天的休息时间， 觉得又轻松又幸福。 周五晚上我不
liǎng tiān de xiūxi shíjiān,　juéde yòu qīngsōng yòu xìngfú.　Zhōuwǔ wǎnshang wǒ bù

学习， 有时在家一边吃好吃的东西， 一边看电影； 有时
xuéxí,　yǒushí zài jiā yìbiān chī hǎochī de dōngxi,　yìbiān kàn diànyǐng;　yǒushí

跟朋友见面， 一边喝咖啡， 一边聊天。 如果每天都是
gēn péngyou jiàn miàn, yìbiān hē kāfēi,　yìbiān liáo tiān.　Rúguǒ měitiān dōu shì

这样的周末， 那多好啊！
zhèyàng de zhōumò,　nà duō hǎo a!

독해1 확인 학습

1. 나는 무슨 요일을 가장 좋아합니까?

　① 星期五　　　　　　② 星期六　　　　　　③ 星期天

2. 다음 중 내가 금요일 저녁에 하는 것에 해당하는 것은 무엇입니까?

　① 学习　　　　　　② 喝茶　　　　　　③ 吃好吃的东西

中 zhōng 명 속, 가운데 ｜ **又** yòu 부 한편, 또한, 동시에 '又……又……' 형식으로 쓰여 몇 가지 상황이나 성질이 동시에 존재함을 나타냄 ｜ **轻松** qīngsōng 형 홀가분하다, 편하다

想家

金允瑞的家离学校不太远，　　　坐车大概要二十分钟。
Jīn Yǔnruì de jiā lí xuéxiào bú tài yuǎn,　　　zuò chē dàgài yào èrshí fēnzhōng.

天气好的时候，　她骑自行车去学校，　　又能锻炼身体，
Tiānqì hǎo de shíhou,　　tā qí zìxíngchē qù xuéxiào,　　yòu néng duànliàn shēntǐ,

又能看风景。
yòu néng kàn fēngjǐng.

没有课的时候，　金允瑞常常在家一边听音乐，一边
Méi yǒu kè de shíhou,　　Jīn Yǔnruì chángcháng zài jiā yìbiān tīng yīnyuè,　yìbiān

做家务。她做完家务后，　坐在沙发上，　一边喝啤酒，
zuò jiāwù,　　Tā zuòwán jiāwù hòu,　　zuòzài shāfā shang,　yìbiān hē píjiǔ,

一边看电影，　觉得非常幸福。
yìbiān kàn diànyǐng,　juéde fēicháng xìngfú.

不过今天下课回家后，　她又累又困。　她突然很想
Búguò jīntiān xià kè huí jiā hòu,　　tā yòu lèi yòu kùn.　　Tā tūrán hěn xiǎng

家，　就给妈妈打了电话：　"妈妈，　您在干什么呢？"
jiā,　　jiù gěi māma dǎ le diànhuà:　　"Māma,　nín zài gàn shénme ne?"

"我一边做晚饭，　一边想你呢。你吃饭了没有？"　"还
"Wǒ yìbiān zuò wǎnfàn,　　yìbiān xiǎng nǐ ne.　Nǐ chī fàn le méiyǒu?"　　"Hái

没吃呢。我也想吃您做的菜。"　"还是我做的菜最好吃
méi chī ne.　Wǒ yě xiǎng chī nín zuò de cài."　"Háishi wǒ zuò de cài zuì hǎochī

吧？"　"是啊，　又好吃又有营养。"　"寒假回来的时候，
ba?"　　"Shì a,　yòu hǎochī yòu yǒu yíngyǎng."　"Hánjià huílái de shíhou,

---

锻炼 duànliàn 동 운동하다 | 家务 jiāwù 명 집안일 | 沙发 shāfā 명 소파 | 困 kùn 형 졸리다 | 营养 yíngyǎng 명 영양 |
寒假 hánjià 명 겨울방학

我给你做。好好儿吃晚饭，多注意身体，努力学习！"
wǒ gěi nǐ zuò, Hǎohāor chī wǎnfàn, duō zhùyì shēntǐ, nǔlì xuéxí!"

打完电话，允瑞开始准备晚饭。她一边做，一边
Dǎwán diànhuà, Yǔnruì kāishǐ zhǔnbèi wǎnfàn. Tā yìbiān zuò, yìbiān

想，一个人很舒服，但还是和父母在一起最幸福。
xiǎng, yí ge rén hěn shūfu, dàn háishi hé fùmǔ zài yìqǐ zuì xìngfú.

<table>
<tr><td rowspan="6">독해2
확인 학습</td></tr>
</table>

독해2
확인 학습

1. 김윤서의 집에서 학교까지의 거리는 얼마나 멉니까?
　① 不远　　　　　　② 不太远　　　　　　③ 很远

2. 김윤서는 집안일을 마친 후 무엇을 할 때 매우 행복하다고 생각합니까?
　① 听音乐　　　　　② 看电影　　　　　　③ 打电话

3. 김윤서의 엄마는 지금 무엇을 하고 있습니까?
　① 听音乐　　　　　② 看电影　　　　　　③ 做晚饭

注意 zhùyì 동 주의하다, 조심하다 | **父母** fùmǔ 명 부모님

03 문법 학습

1. 동작의 진행

동사 앞에 부사 '在, 正, 正在'를 붙이면 동작이 진행 중임을 나타낼 수 있습니다. '在, 正在'는 문장 끝에 어기조사 '呢'를 더할 수도 있으며, '正'은 대부분 '呢'와 함께 사용합니다. 때로는 '呢'만 사용하여 진행을 나타낼 수도 있습니다.

▶ 你在做什么(呢)？ 너 뭐 하는 중이니?
　Nǐ zài zuò shénme (ne)?

▶ 我正在看电视(呢)。 나는 지금 TV를 보는 중이다.
　Wǒ zhèngzài kàn diànshì (ne).

▶ 请等一下，他正开会呢。 잠시 기다려 주십시오. 그는 지금 회의 중입니다.
　Qǐng děng yíxià, tā zhèng kāi huì ne.

▶ 她做作业呢。 그녀는 숙제하고 있다.
　Tā zuò zuòyè ne.

▶ A: 你在这儿干什么呢？ 너 여기서 뭐 하고 있니?
　　 Nǐ zài zhèr gàn shénme ne?

　 B: 我一直在等他呢。 나는 계속 그를 기다리고 있지.
　　 Wǒ yìzhí zài děng tā ne.

중국어에서 동작의 진행은 과거, 현재, 미래에 모두 사용할 수 있습니다.

▶ 昨天晚上你打电话的时候，她正在睡觉呢。 과거
　Zuótiān wǎnshang nǐ dǎ diànhuà de shíhou, tā zhèngzài shuì jiào ne.
　어젯밤 네가 전화했을 때, 그녀는 자고 있었다.

▶ 她在睡觉呢。 그녀는 자고 있다. 현재
　Tā zài shuì jiào ne.

▶ 明天这个时候，她可能在睡觉。 내일 이 시간에 그녀는 아마 자고 있을 것이다. 미래
　Míngtiān zhè ge shíhou, tā kěnéng zài shuì jiào.

可能 kěnéng 부 아마도, 아마

부정은 '没(有)'를 사용하여 나타냅니다.

▶ A: 你是不是在看书呢？ 너 책 보고 있는 거 아니야?
　　 Nǐ shì bu shì zài kàn shū ne?

　 B: 我没(有)看书，我在看电视呢。 나 책 안 봤어. 나 TV 보고 있어.
　　 Wǒ méi(yǒu) kàn shū, wǒ zài kàn diànshì ne.

▶ A: 他们在上课吗？ 그들은 수업하고 있니?
　　 Tāmen zài shàng kè ma?

　 B: 他们没(有)在上课。 그들은 수업하고 있지 않아.
　　 Tāmen méi(yǒu) zài shàng kè.

의문문은 문장 끝에 '吗'를 더해 만들거나, 의문대체사를 써서 만들 수도 있습니다.

▶ 她在做作业吗？ 그녀는 숙제하고 있니?
　 Tā zài zuò zuòyè ma?

▶ 他正在干什么呢？ 그는 뭐 하고 있니?
　 Tā zhèngzài gàn shénme ne?

▶ 谁在唱歌呢？ 누가 노래를 부르고 있니?
　 Shéi zài chàng gē ne?

2. '(一)边……(一)边……'

'(一)边……(一)边……'은 병렬관계를 나타내는 접속어로 '~하면서 ~하다'라는 의미를 나타냅니다. 같은 시간에 한 가지 행동을 하면서 또 다른 행동을 하는 것을 말합니다. '一边'에서 '一'를 생략하고 '边……边……'이라고 쓸 수도 있는데, 이때 '边' 뒤에는 보통 일음절 동사가 옵니다.

▶ 她一边唱歌，一边跳舞。 그녀는 노래를 부르면서 춤춘다.
　 Tā yìbiān chàng gē, yìbiān tiào wǔ.

▶ 她边唱边跳。 그녀는 노래하며 춤춘다.
　 Tā biān chàng biān tiào.

3. '又……又……'

'又……又……' 역시 병렬관계를 나타내는 접속어로 '~하기도 하고, ~하기도 하다'라는 의미를 나타냅니다. 두 가지 이상의 상태나 상황 또는 동작이 동시에 존재함을 표현합니다.

▶这件衣服又好看又便宜。　이 옷은 예쁘기도 하고, 값도 저렴하다.
　Zhè jiàn yīfu yòu hǎokàn yòu piányi.

▶那天晚上又刮风又下雨。　그날 저녁에는 바람도 불고, 비도 내렸다.
　Nà tiān wǎnshang yòu guā fēng yòu xià yǔ.

▶她又会唱歌又会跳舞。　그녀는 노래도 잘하고, 춤도 잘 춘다.
　Tā yòu huì chàng gē yòu huì tiào wǔ.

4. 부사 '还是'

부사 '还是'는 비교를 거친 여러 대안 중에서 최선의 것 또는 올바른 방법을 제시하거나 권하는 말을 할 때 사용합니다. 문장 끝에 주로 '吧'를 함께 씁니다.

▶还是看电影吧，电视剧太长了。　영화 보는 게 좋겠어. 드라마는 너무 길어.
　Háishi kàn diànyǐng ba, diànshìjù tài cháng le.

▶还是买这个吧，那个有点儿大。　역시 이걸 사는 게 좋겠어. 저건 조금 커.
　Háishi mǎi zhè ge ba, nà ge yǒudiǎnr dà.

▶还是上午见吧，下午我有事。　차라리 오전에 보자. 오후에는 내가 일이 있어.
　Háishi shàngwǔ jiàn ba, xiàwǔ wǒ yǒu shì.

04 연습 문제

1. 녹음을 듣고 알맞은 답을 고르세요. 11-08

   (1) 周五晚上我学习吗?

   ❶ 学习   ❷ 不学习   ❸ 不知道

   (2) 周五我上的课多不多?

   ❶ 不太多   ❷ 不多   ❸ 很多

2. 녹음을 듣고 질문의 답안과 일치하면 ○, 틀리면 ✕를 표시하세요. 11-09

   (1) 我在看电视剧呢。

   (2) 还是买这个吧，那个有点儿大。

   (3) 他的房间又干净又整洁。

3. 사진을 보고 상황에 맞게 대화를 완성해 보세요.

   (1)

   A: 你在干什么(呢)?

   B: _____

   (2)

   A: _____

   B: 这个手机又好看又便宜。

4. 다음 문장을 중국어로 써 보세요.

(1) 그녀는 기타를 치고 있다. ('在' 사용)

>> _____

(2) 어제저녁 엄마가 돌아오셨을 때, 나는 마침 TV를 보고 있었다. ('正在……呢' 사용)

>> _____

(3) 나는 게임하면서 라면을 먹는다.

>> _____

(4) 나는 지금 피곤하고 배고프다.

>> _____

(5) 차라리 오전에 보자. 오후에는 내가 일이 있어.

>> _____

5. 다음 단어 및 구를 어순에 알맞게 배열해 보세요.

(1) 呢 / 电话 / 打 / 在 / 。

>> 他 _____

(2) 洗澡 / 你敲门的时候 / 呢 / 我 / 正在 / , / 。

>> 昨天晚上 _____

(3) 一边(2회) / 唱歌 / 跳舞 / , / 。

>> 我 _____

(4) 好看 / 又(2회) / 便宜 / 。

>> 这件衣服 _____

(5) 买 / 那个 / 有点儿 / 这个 / 吧 / 大 / , / 。

>> 还是 _____

중국 문화

중국인의 아침 식사

중국은 외식 문화가 매우 발달했다. 아침 식사 역시 집에서 준비하기보다는 집 근처나 회사 근처에서 간단히 해결하는 경우가 대부분이다. 豆浆 dòujiāng, 油条 yóutiáo, 煎饼 jiānbing, 包子 bāozi 는 중국 전역에서 인기 있는 대표적인 아침 메뉴이다.

✦ 豆浆

豆浆은 콩을 갈아 만든 담백하고 고소한 맛이 나는 음료로 중국의 대표적인 아침 메뉴이다. 기호에 따라 豆浆의 농도를 조절할 수 있고, 차갑게 마실 수도 뜨겁게 마실 수도 있다.

✦ 油条

밀가루 반죽을 길게 꼬아서 튀긴 음식인 油条는 겉은 바삭하고 속은 촉촉한 것이 특징이다. 가격 또한 저렴해서 많은 중국인이 아침 식사로 즐겨 찾는 메뉴이다. 중국인들은 油条를 豆浆에 찍어 담백하게 먹기도 하고, 소스에 찍어 짭조름한 맛으로 먹기도 한다.

✦ 煎饼

길거리 곳곳에서 쉽게 볼 수 있는 煎饼은 여러 곡물을 섞어 만든 반죽을 얇게 펴서 그 위에 소스와 계란, 상추, 소시지, 油条 등을 넣고 만든 음식이다. 저렴한 가격으로 간단하게 먹을 수 있어 아침 식사는 물론이고 간식으로도 안성맞춤이다. 煎饼은 원하는 메뉴를 추가로 넣어 맞춤식으로도 먹을 수 있어 인기가 높다.

✦ 包子

包子는 발효한 밀가루 반죽에 소를 넣어 아랫부분은 둥그
렇게, 윗부분은 오므려 빚은 후 쪄서 만든 음식이다. 기호
에 따라 고기, 버섯, 야채 등 다양한 소를 선택할 수 있다.

✦ 조식 리어카와 죽을 파는 패스트푸드점

바쁜 등굣길과 출근길 거리에는 다양
한 아침 메뉴를 파는 조식 리어카를 곳
곳에서 볼 수 있다. 조식 리어카에서
인기 있는 메뉴 중 하나는 粥 zhōu 인
데, 테이크아웃 잔에 粥를 넣고 빨대를
꽂아 후루룩 빨아 마실 수 있어 간편하
게 즐길 수 있다. tip

이 밖에도, 대표적인 패스트푸드점인
KFC는 2002년부터 중국식 아침 메뉴를 판매하고 있다. 粥, 油条, 豆浆 등으로 구성된 세트
메뉴는 전 세계 KFC 매장 중 중국에서만 유일하게 판매하는 중국식 아침 메뉴이다.

> tip 중국에서는 粥를 '먹다'로 표현하지 않고, 喝粥 hē zhōu 라고
> 하여 '마시다'라는 표현을 사용합니다.

我把手机放在桌子上了。

나는 휴대폰을 책상 위에 두었어요.

《학습 목표 》

① 동작의 대상에 어떤 변화가 생겼음을
표현하기

② 시간의 양 표현하기

③ 어떤 필요조건이 만족하면 결과가
발생함을 표현하기

문형 ①

她把这本书看完了。　그녀는 이 책을 다 읽었다.

Tā bǎ zhè běn shū kànwán le.

12-01

姐姐 Jiějie	누나(언니)	那件大衣 nà jiàn dàyī	그 코트	拿去 náqù	가져가다
哥哥 Gēge	형(오빠)	门 mén	문	关上 guānshàng	닫다
他 Tā	그	护照 hùzhào	여권	带来 dàilái	가져오다

A 她把这本书看完了吗?　그녀는 이 책을 다 읽었니?
Tā bǎ zhè běn shū kànwán le ma?

她把这本书看完了。　그녀는 이 책을 다 읽었어. **B**
Tā bǎ zhè běn shū kànwán le.

 문형 ②

我已经把晚饭做好了。　나는 이미 저녁밥을 다 했다.

Wǒ yǐjīng bǎ wǎnfàn zuòhǎo le.

12-02

水果 shuǐguǒ	과일	洗干净 xǐ gānjìng	깨끗하게 씻다
蛋糕 dàngāo	케이크	吃光 chīguāng	다 먹다
昨天的作业 zuótiān de zuòyè	어제 숙제	写完 xiěwán	다 쓰다

A 你把晚饭做好了没有?　너 저녁밥 다 했니 안 했니?
Nǐ bǎ wǎnfàn zuòhǎo le méiyǒu?

我已经把晚饭做好了。　나는 이미 저녁밥 다 했어. **B**
Wǒ yǐjīng bǎ wǎnfàn zuòhǎo le.

把 bǎ 전 을,를 │ 关 guān 동 닫다 │ 护照 hùzhào 명 여권 │ 蛋糕 dàngāo 명 케이크 │ 光 guāng 형 조금도 남지 않다

我把手机放在桌子上了。 나는 휴대폰을 책상 위에 두었다.

12-03

Wǒ bǎ shǒujī fàngzài zhuōzi shang le.

那本书 nà běn shū	그 책	忘在 wàngzài	~에 두고 잊다	车上 chē shang	차 안
车 chē	차	开到 kāidào	~으로 운전하다	停车场 tíngchēchǎng	주차장
朋友 péngyou	친구	送到 sòngdào	~까지 바래다주다	地铁站 dìtiězhàn	지하철역

A 你把手机放在哪儿了? 너 휴대폰을 어디에 두었니?
Nǐ bǎ shǒujī fàngzài nǎr le?

我把手机放在桌子上了。 나는 휴대폰을 책상 위에 두었어. **B**
Wǒ bǎ shǒujī fàngzài zhuōzi shang le.

手机找了半天也没找到。 휴대폰을 한참 동안 찾았지만 못 찾았다.

12-04

Shǒujī zhǎo le bàntiān yě méi zhǎodào.

他说的 Tā shuō de	그가 말하는 것	听 tīng	듣다	听懂 tīngdǒng	듣고 이해하다
错的地方 Cuò de dìfang	틀린 부분	改 gǎi	고치다	改对 gǎiduì	맞게 고치다
那部电影 Nà bù diànyǐng	그 영화	看 kàn	보다	看懂 kàndǒng	보고 이해하다

A 手机找到了吗? 휴대폰 찾았니?
Shǒujī zhǎodào le ma?

手机找了半天也没找到。 휴대폰을 한참 동안 찾았지만 못 찾았어. **B**
Shǒujī zhǎo le bàntiān yě méi zhǎodào.

忘 wàng 통 잊다, 망각하다 | 停车场 tíngchēchǎng 명 주차장 | 送 sòng 통 배웅하다, 바래다주다 | 半天 bàntiān 명 반나절, 한참 동안 | 改 gǎi 통 고치다, 수정하다

只要看完那本书，她就会明白的。

 Zhǐyào kànwán nà běn shū, tā jiù huì míngbai de.
12-05 그 책을 다 보기만 하면, 그녀는 이해할 것이다.

你解释 nǐ jiěshì	네가 설명하다	她 tā	그녀	同意 tóngyì	동의하다
你给他打电话 nǐ gěi tā dǎ diànhuà	네가 그에게 전화하다	他 tā	그	过来 guòlái	건너오다
你不参加 nǐ bù cānjiā	네가 참가하지 않다	我 wǒ	나	赢 yíng	이기다

 她还不明白怎么办？ 그녀가 아직 이해하지 못 했으면 어떡하지?
Tā hái bù míngbai zěnme bàn?

只要看完那本书，她就会明白的。 그 책을 다 보기만 하면, 그녀는 이해할 거야. B
Zhǐyào kànwán nà běn shū, tā jiù huì míngbai de.

只要 zhǐyào 접 ~하기만 하면 | 的 de 조 평서문의 끝에 쓰여 확신의 어감을 나타냄

독해1 12-06

晚上要做作业的时候，发现书不见了。我找了半天
Wǎnshang yào zuò zuòyè de shíhou, fāxiàn shū bú jiàn le. Wǒ zhǎo le bàntiān

也没找到。突然想起来，我把笔和本子放在一个包里，
yě méi zhǎodào. Tūrán xiǎng qǐlái, wǒ bǎ bǐ hé běnzi fàngzài yí ge bāo li,

把书放在另一个包里了。下地铁的时候，我把那个包
bǎ shū fàngzài lìng yí ge bāo li le. Xià dìtiě de shíhou, wǒ bǎ nà ge bāo

忘在车上了。我只要坐地铁，就记下地铁车厢的号码。
wàngzài chē shang le. Wǒ zhǐyào zuò dìtiě, jiù jìxià dìtiě chēxiāng de hàomǎ.

所以明天我要打电话，希望能找到我的书。
Suǒyǐ míngtiān wǒ yào dǎ diànhuà, xīwàng néng zhǎodào wǒ de shū.

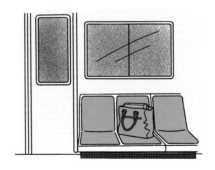

독해1 확인 학습

1. 내가 잃어버린 것은 무엇입니까?
　① 笔　　　　　　　② 书　　　　　　　③ 本子

2. 나는 가방을 어디에서 잃어버렸습니까?
　① 出租车　　　　　② 公交车　　　　　③ 地铁

发现 fāxiàn 동 발견하다 | 包 bāo 명 가방 | 另 lìng 대 다른, 그 밖의 | 下 xià 동 (탈 것에서) 내리다 | 记下 jìxià 외우다,
기록하다 | 车厢 chēxiāng 명 (열차의) 객실, 수화물칸

马大哈

父母常常对我说，要把东西放好，可我常常把东西
Fùmǔ chángcháng duì wǒ shuō, yào bǎ dōngxi fànghǎo, kě wǒ chángcháng bǎ dōngxi

弄丢，家人都叫我"马大哈"。更奇怪的是，我总是把
nòngdiū, jiārén dōu jiào wǒ "mǎdàhā". Gèng qíguài de shì, wǒ zǒngshì bǎ

东西弄坏，只要是我用过的东西，就总是有问题。
dōngxi nònghuài, zhǐyào shì wǒ yòng guo de dōngxi, jiù zǒngshì yǒu wèntí.

我穿哥哥的衣服时，他常常担心地说："小心别把
Wǒ chuān gēge de yīfu shí, tā chángcháng dān xīn de shuō: "Xiǎoxīn bié bǎ

衣服弄脏了！"用哥哥的东西时，他也常常说："小心
yīfu nòngzāng le!" Yòng gēge de dōngxi shí, tā yě chángcháng shuō: "Xiǎoxīn

别把它弄坏了！"
bié bǎ tā nònghuài le!"

有一次，爸爸买了一个新手机，我想看看，可我不
Yǒu yí cì, bàba mǎi le yí ge xīn shǒujī, wǒ xiǎng kànkan, kě wǒ bù

小心就把手机掉在地上了。虽然手机没什么问题，但
xiǎoxīn jiù bǎ shǒujī diàozài dìshang le. Suīrán shǒujī méi shénme wèntí, dàn

爸爸还是有点儿心疼。
bàba háishi yǒudiǎnr xīnténg.

马大哈 mǎdàhā 몡 부주의한 사람, 덜렁이 | 可 kě 젭 그렇지만, 그러나 | 弄 nòng 동 하다, 만들다 | 丢 diū 동 잃다, 잃어버리다 | 坏 huài 혱 고장나다, 망가지다 | 小心 xiǎoxīn 동 조심하다, 주의하다 | 别 bié 부 ~하지 마라 | 掉 diào 동 (아래로) 떨어지다, 떨어뜨리다 | 地上 dìshang 몡 지면, 땅바닥, 지상 | 虽然 suīrán 젭 비록 ~일지라도, 비록 ~하지만 | 心疼 xīnténg 동 아까워하다, 애석해하다

前几天我拿到了驾驶执照， 爸爸帮我练习开车。 我
Qián jǐ tiān wǒ nádào le jiàshǐ zhízhào, bàba bāng wǒ liànxí kāi chē. Wǒ

对爸爸说： "我把您的车开坏了，怎么办？" 爸爸
duì bàba shuō: "Wǒ bǎ nín de chē kāihuài le, zěnme bàn?" Bàba

笑了笑说： "把车开坏了，你就给爸爸买一辆！只要你
xiào le xiào shuō: "Bǎ chē kāihuài le, nǐ jiù gěi bàba mǎi yí liàng! Zhǐyào nǐ

相信爸爸， 就不会有问题的！"
xiāngxìn bàba, jiù bú huì yǒu wèntí de!"

독해2 확인 학습	1. 새 휴대폰을 산 사람은 누구입니까?		
	① 家人	② 爸爸	③ 哥哥

2. 나는 바닥에 무엇을 떨어뜨렸습니까?
   ① 驾驶执照　　　　　② 衣服　　　　　③ 手机

3. 내가 운전하는 것을 도와준 사람은 누구입니까?
   ① 父母　　　　　② 爸爸　　　　　③ 哥哥

驾驶执照 jiàshǐ zhízhào 명 운전면허증 | 帮 bāng 동 돕다, 거들어 주다 | 辆 liàng 양 대 차량·자전거를 세는 단위 | 相信
xiāngxìn 동 믿다

03 문법 학습

1. '把'구문(1)

중국어에서 평서문의 일반적인 어순과 달리 'S+把O+VP' 어순을 사용하여, 'S가 O를 V하여 어떤 결과 또는 변화가 생겨나도록 만들다'라는 의미를 나타내는 문장을 '把'구문이라고 합니다.

> S 행위자 + 把 O 수동자 + V P。

▶ A: 你把手机放在哪儿了？ 너 휴대폰 어디에 뒀니?
　　Nǐ bǎ shǒujī fàngzài nǎr le?

　 B: 我把手机放在沙发上了。 나 휴대폰 소파 위에 뒀어.
　　Wǒ bǎ shǒujī fàngzài shāfā shang le.

'把'구문은 동작의 결과 또는 변화를 강조하기 때문에 동사만 단독으로 쓸 수 없고, 동사 뒤에 결과보어, 상태보어 또는 상조사 '了, 着' 등 다른 부가 성분이 반드시 출현해야 합니다. 부정 형식은 '把' 앞에 '没(有)'를 사용하여 만듭니다. '把'의 목적어는 말하는 사람과 듣는 사람이 이미 알고 있는 대상만 출현할 수 있습니다.

▶ 请把空调关上。（＊请把空调关。） 에어컨을 꺼 주세요.
　Qǐng bǎ kōngtiáo guānshàng.

▶ 你把房间打扫一下吧。（＊你把房间打扫。） 너 방 청소 좀 하렴.
　Nǐ bǎ fángjiān dǎsǎo yíxià ba.

▶ 我把衣服洗得很干净。（＊我把衣服洗。） 나는 옷을 깨끗하게 빨았다.
　Wǒ bǎ yīfu xǐ de hěn gānjìng.

▶ 你把雨伞带着吧。（＊你把雨伞带。） 너 우산 가지고 가렴.
　Nǐ bǎ yǔsǎn dài zhe ba.

▶ 我还没把你的房间整理好。（＊我把你的房间还没整理好。）
　Wǒ hái méi bǎ nǐ de fángjiān zhěnglǐ hǎo.
　나는 아직 네 방을 다 정리하지 못했다.

▶ 她把那本书借走了。（＊她把一本书借走了。） 그녀가 그 책을 빌려 갔다.
　Tā bǎ nà běn shū jièzǒu le.

空调 kōngtiáo 명 에어컨 ｜ 着 zhe 조 ~해 있다, ~한 채로 있다 동작이 끝난 뒤 상태가 지속됨을 나타냄 ｜ 整理 zhěnglǐ 동 정리하다

2. 결과보어(2) '在, 到'

동사 '在, 到'는 결과보어로도 사용합니다. '把'구문에서는 동사 뒤에 이러한 '在, 到'를 사용하여 목적어를 어떻게 '변화'시켰는지를 나타냅니다.

'在'는 사람이나 사물이 어떤 장소에 존재함을 나타내며, 장소 목적어를 수반합니다.

▶ 他坐在沙发上。 그는 소파에 앉았다.
　Tā zuòzài shāfā shang.

▶ 我住在首尔。 나는 서울에 산다.
　Wǒ zhùzài Shǒu'ěr.

'到'는 동작이나 목적 달성을 나타내며, 어떤 장소나 시점에 도달했음을 나타내기도 합니다.

▶ 我找到了我的手机。 나는 내 휴대폰을 찾았다.
　Wǒ zhǎodào le wǒ de shǒujī.

▶ 我回到家就睡觉了。 나는 집에 돌아와서 바로 잤다.
　Wǒ huídào jiā jiù shuì jiào le.

'把'구문에서 '在, 到'는 동작을 통해 사물의 위치가 이동함을 나타냅니다.

▶ 他把车停在门口了。 그는 차를 문 앞에 세웠다.
　Tā bǎ chē tíngzài ménkǒu le.

▶ 我把手机放在桌子上了。 나는 휴대폰을 책상 위에 두었다.
　Wǒ bǎ shǒujī fàngzài zhuōzi shang le.

▶ 我把车开到门口了。 나는 차를 문 앞까지 운전했다.
　Wǒ bǎ chē kāidào ménkǒu le.

▶ 我把朋友送到地铁站了。 나는 친구를 지하철역까지 바래다주었다.
　Wǒ bǎ péngyou sòngdào dìtiězhàn le.

首尔 Shǒu'ěr 고유 서울 | 停 tíng 동 멈추다, 중지하다 | 门口 ménkǒu 명 문 앞, 입구

3. 시간량 '半天'

'半天'은 '반나절, 한참 동안'이라는 의미로 오랫동안 지속된 시간의 길이를 나타냅니다.

▶ 他想你半天了。 그는 너를 한참 동안 생각했다.
　 Tā xiǎng nǐ bàntiān le.

▶ 我等了半天，他才来。 내가 한참을 기다린 후에야 그가 왔다.
　 Wǒ děng le bàntiān, tā cái lái.

4. '只要……, 就……'

'只要……, 就……'는 '~하기만 하면, ~하다'라는 의미를 나타냅니다.

▶ 只要吃药就会好的。 약만 먹으면 괜찮아질 거다.
　 Zhǐyào chī yào jiù huì hǎo de.

▶ 只要不下雨，我们就可以去爬山了。 비만 안 오면, 우리는 등산하러 갈 수 있다.
　 Zhǐyào bú xià yǔ, wǒmen jiù kěyǐ qù pá shān le.

1. 녹음을 듣고 알맞은 답을 고르세요. 12-08

   (1) 我晚上做什么的时候，发现书不见了？

   ❶ 打电话　　　　　❷ 做作业　　　　　❸ 做事

   (2) 我把那个包放在哪儿了？

   ❶ 教室　　　　　❷ 我家　　　　　❸ 地铁

2. 녹음을 듣고 질문의 답안과 일치하면 ○, 틀리면 ✕를 표시하세요. 12-09

   (1) 她还没把这本书看完。

   (2) 找了半天也没找到。

   (3) 只要看完那本书，她就会明白的。

3. 사진을 보고 상황에 맞게 대화를 완성해 보세요.

   (1)

   A: 你把手机放在哪儿了？

   B: _____

   (2)

   A: 他把车开到哪儿了？

   B: _____

4. 다음 문장을 중국어로 써 보세요.

(1) 형이 문을 닫았다.

>> _____

(2) 나는 이미 어제 숙제를 다 했다.

>> _____

(3) 나는 친구를 지하철역까지 바래다주었다.

>> _____

(4) 그가 하는 말을 한참 동안 들었지만 이해할 수 없었다.

>> _____

(5) 네가 참가하지 않는 한 내가 이길 것이다.

>> _____

5. 다음 단어 및 구를 어순에 알맞게 배열해 보세요.

(1) 把 / 带 / 护照 / 来 / 了 / 。

>> 他 _____

(2) 已经 / 洗 / 水果 / 干净 / 把 / 了 / 。

>> 我 _____

(3) 车上 / 那本书 / 忘 / 把 / 在 / 了 / 。

>> 我 _____

(4) 半天 / 看了 / 也 / 看懂 / 没 / 。

>> 那部电影 _____

(5) 他 / 就 / 打电话 / 给他 / 会 / 你 / 过来 / 的 / , / 。

>> 只要 _____

중국 문화

중국의 캠퍼스 라이프

✦ 룸메이트와 동고동락하는 중국의 대학생

중국 대학에는 수업하는 건물과 도서관, 학생 식당, 기숙사 외에 서점, 은행, 우체국부터 과일가게, 안경점, 세탁소까지 생활하는 데 필요한 모든 시설이 자리 잡고 있다. 학교 밖으로 나가지 않아도 캠퍼스 안에서 모든 일상 생활을 처리할 수 있는 것이다. 이는 입학부터 졸업까지 모든 재학생이 학교 기숙사에서 생활하는 것을 원칙으로 하는 중국 대학의 특징이 반영된 것이다. 중국은 특별한 경우를 제외하고 모든 학생이 기숙사에서 생활하는데, 학부생은 보통 4인 1실, 6인 1실 혹은 8인 1실에서 생활한다. 말 그대로 대학 재학 동안 룸메이트와 동고동락하며 생활하는 것이다. 기숙사에는 이층 침대, 개인 책상, 옷장을 겸하는 사물함이 갖추어져 있고, 세면실은 같은 층에 있는 공동 세면실을 사용한다. 중국에서 유학하는 외국인을 위한 유학생 기숙사에는 층별로 공동 주방이 구비되어 있는 것과 달리, 중국 학생들의 기숙사에는 공동 주방은 별도로 마련되어 있지 않다. 대신 같은 건물 1층 혹은 옆 건물에 학생 식당과 카페테리아가 마련되어 있다.

✦ 중국의 캠퍼스 라이프

중국 대학은 9월에 1학기를 시작하고, 3월에 2학기를 시작한다. 한 학기는 18주로 구성되며, 1교시는 8시에 시작하고, 저녁 시간대 수업도 많은 편이다. 9월 입학을 앞둔 신입생은 모두 학교 병원 혹은 학교 지정 병원에서 신체검사를 받아야 한다. 매년 입학식 날에는 진학을 위해 중국 전역에서 온 신입생과 가족들이 학교 안을 가득 메운다. 중국의 대학 신입생 전원은 9월 입학 전에 军事训练 jūnshì xùnliàn 에 참가해야 한다. 军训은 기초 군사 훈련과 군사 이론 등을 익히는 훈련으로 약 2주간 진행되는 것이 보통이다.

한국과 마찬가지로 중국 대학생 역시 학교 포털 사이트를 통해 인터넷으로 수강 신청을 한다. 수강 신청은 필수 과목인 必修课 bìxiū kè 와 선택 과목인 选修课 xuǎnxiū kè 로 나뉘며, 必修课는 전공 필수 과목과 전공에 관계없이 모든 학생이 공통으로 들어야 하는 공통 필수 과목으로 구분한다. 공통 필수 과목은 공산당 정치 지도자의 사상과 중국 특색 사회주의 이론, 중국 근현대사 등을 학습하는 思想政治理论课 sīxiǎng zhèngzhì lǐlùn kè 와 수영, 농구, 골프, 체조, 배드민턴 등의 운동 중 일부를 선택하여 수강하는 体育课 tǐyù kè 가 있다. 体育课는 과목당 1학점으로 개설 과목은 학교마다 다르지만, 보통 총 4학기에 걸쳐 네 번의 体育课를 수강해야 하며 매 학기 한 과목을 필수로 하는 경우가 많다. 또한, 졸업 시 우수 졸업생으로 선정되기 위해서는 体育课 평점이 반드시 학교에서 정한 기준 점수를 초과해야 한다는 규정도 마련되어 있다. 중국 대학 성적 시스템은 한국처럼 A, B, C, D, F 등급이 아닌 100점을 만점으로 하는 점수제이다.

중국 대학생들은 특별한 상황이 아니면 휴학하는 경우가 거의 없다. 대학 졸업 후 대학원 진학률은 상당히 높은 편이며 학생들은 진학, 취업 등 각자의 향후 목표에 따라 학점 관리, 교환 학생, 동아리 활동, 인턴 활동 등을 하며 바쁘게 생활한다.

我的衣服被妹妹穿走了。

내 옷은 여동생이 입고 갔어요.

〈학습 목표〉

❶ 수동자가 주어로 출현하는 문장 표현하기

❷ '的, 地, 得'의 용법 구분하여 표현하기

❸ 유일한 조건에서만 결과가 발생함을 표현하기

我的笔记本电脑被朋友借走了。

 13-01
Wǒ de bǐjìběn diànnǎo bèi péngyou jièzǒu le.
내 노트북은 친구가 빌려 갔다.

衣服	옷	雨	비	淋湿	흠뻑 젖다
yīfu		yǔ		línshī	
比萨饼	피자	他	그	吃光	다 먹다
bǐsàbǐng		tā		chīguāng	
杯子	컵	人	사람	打碎	깨지다
bēizi		rén		dǎsuì	

Ⓐ 你的笔记本电脑怎么了? 네 노트북 어떻게 된 거야?
Nǐ de bǐjìběn diànnǎo zěnme le?

我的笔记本电脑被朋友借走了。 내 노트북은 친구가 빌려 갔어.
Wǒ de bǐjìběn diànnǎo bèi péngyou jièzǒu le.

 我被拒绝了。 나는 거절당했다.

 13-02
Wǒ bèi jùjué le.

衣服	옷	淋湿	흠뻑 젖다
Yīfu		línshī	
他	그	撞伤	부딪쳐 다치다
Tā		zhuàngshāng	
杯子	컵	打碎	깨지다
Bēizi		dǎsuì	

Ⓐ 你怎么了? 너 왜 그래?
Nǐ zěnme le?

我被拒绝了。 나 거절당했어. Ⓑ
Wǒ bèi jùjué le.

被 bèi 전 ~에게, ~에 의해 (~되다, ~당하다) | 雨 yǔ 명 비 | 淋 lín 동 비에 젖다 | 湿 shī 형 축축하다, 질퍽하다 | 杯子 bēizi 명 컵, 잔 | 打 dǎ 동 때리다, 치다 | 碎 suì 동 부서지다, 깨지다 | 拒绝 jùjué 동 거절하다 | 撞 zhuàng 동 부딪치다, 충돌하다 | 伤 shāng 동 상하다, 다치다, 해롭다

雨伞叫/让哥哥拿走了。 우산은 형(오빠)이 가져갔다.

Yǔsǎn jiào/ràng gēge názǒu le.

13-03

大衣 Dàyī	코트	妹妹穿 mèimei chuān	여동생이 입다
那本书 Nà běn shū	그 책	别人借 biéren jiè	다른 사람이 빌리다
那辆自行车 Nà liàng zìxíngchē	그 자전거	我朋友借 wǒ péngyou jiè	내 친구가 빌리다

 雨伞叫/让谁拿走了? 우산은 누가 가져갔어?
Yǔsǎn jiào/ràng shéi názǒu le?

雨伞叫/让哥哥拿走了。 우산은 형(오빠)이 가져갔어.
Yǔsǎn jiào/ràng gēge názǒu le.

她在快乐地唱歌。 그녀는 즐겁게 노래를 부르고 있다.

Tā zài kuàilè de chàng gē.

13-04

他 Tā	그	努力 nǔlì	열심이다	学习汉语 xuéxí Hànyǔ	중국어를 공부하다
弟弟 Dìdi	남동생	认真 rènzhēn	진지하다	看书 kàn shū	책을 읽다
哥哥 Gēge	형(오빠)	高兴 gāoxìng	신나다	玩儿游戏 wánr yóuxì	게임하다

 她在做什么呢? 그녀는 뭐 하고 있니?
Tā zài zuò shénme ne?

她在快乐地唱歌。 그녀는 즐겁게 노래를 부르고 있어.
Tā zài kuàilè de chàng gē.

叫 jiào 전 ~에게, ~에 의해 (~되다, ~당하다) | 让 ràng 전 ~에게, ~한테 (~되다, ~당하다) | 别人 biéren 대 다른 사람, 남 |
认真 rènzhēn 형 진지하다, 성실하다

你只有写完作业，才能看电视。

13-05

Nǐ zhǐyǒu xiěwán zuòyè, cái néng kàn diànshì.

너는 숙제를 다 해야만 TV를 볼 수 있다.

整理好房间 zhěnglǐ hǎo fángjiān	방을 잘 정리하다	玩儿游戏 wánr yóuxì	게임하다
努力学习 nǔlì xuéxí	열심히 공부하다	取得好成绩 qǔdé hǎo chéngjì	좋은 성적을 거두다
感冒好了 gǎnmào hǎo le	감기가 낫다	出去玩儿 chūqù wánr	놀러 나가다

 妈，我能看电视吗？ 엄마, 저 TV 봐도 되나요?
Mā, Wǒ néng kàn diànshì ma?

你只有写完作业，才能看电视。 너는 숙제를 다 해야만 TV 볼 수 있어. Ⓑ
Nǐ zhǐyǒu xiěwán zuòyè, cái néng kàn diànshì.

只有 zhǐyǒu 접 ~해야만 (~하다)

독해1  13-06

今天早上没有课，所以我起得比较晚。起床时，我
Jīntiān zǎoshang méi yǒu kè, suǒyǐ wǒ qǐ de bǐjiào wǎn.　　　Qǐ chuáng shí, wǒ

妹妹已经去上课了。天气预报说今天有雨又有风，所以
mèimei yǐjīng qù shàng kè le.　　Tiānqì yùbào shuō jīntiān yǒu yǔ yòu yǒu fēng,　suǒyǐ

我打算穿几天前新买的大衣。咦？大衣去哪儿了？一定
wǒ dǎsuàn chuān jǐ tiān qián xīn mǎi de dàyī.　　Yí?　　Dàyī qù nǎr le?　　Yídìng

是被妹妹穿走了！我只好穿了另一件衣服。咦？我的
shì bèi mèimei chuānzǒu le!　Wǒ zhǐhǎo chuān le lìng yí jiàn yīfu.　　Yí?　　Wǒ de

雨伞又去哪儿了？雨伞也一定是叫妹妹拿走了！妹妹啊，
yǔsǎn yòu qù nǎr le?　　　Yǔsǎn yě yídìng shì jiào mèimei názǒu le!　　Mèimei a,

你不知道吗？别人的东西只有别人同意后才能拿啊！
nǐ bù zhīdào ma?　　Biéren de dōngxi zhǐyǒu biéren tóngyì hòu cái néng ná a!

독해1 확인 학습	1. 일기예보에서 오늘 날씨가 어떻다고 했습니까?

　　① 很冷　　　　　　　② 比较冷　　　　　　③ 下雨

2. 나는 코트를 누가 가져갔다고 생각합니까?

　　① 你　　　　　　　　② 妹妹　　　　　　　③ 别人

天气预报 tiānqì yùbào 일기예보 | 新 xīn 형 새롭다 | 咦 yí 감 어, 아이, 아이구 놀람의 어감을 나타냄 | **只好** zhǐhǎo 부
부득이, 할 수 없이

电动滑板车

最近有很多共享电动滑板车，只要一扫码，就能
Zuìjìn yǒu hěn duō gòngxiǎng diàndòng huábǎnchē, zhǐyào yì sǎomǎ,　jiù néng

骑。我觉得电动滑板车非常方便，所以每次从家到
qí.　Wǒ juéde diàndòng huábǎnchē fēicháng fāngbiàn, suǒyǐ měicì cóng jiā dào

地铁站，我都骑电动滑板车。
dìtiězhàn,　　wǒ dōu qí diàndòng huábǎnchē.

骑电动滑板车的人多了，事故也多了。邻居老奶奶
Qí diàndòng huábǎnchē de rén duō le,　shìgù yě duō le.　Línjū lǎo nǎinai

被电动滑板车撞倒了，小学生被电动滑板车撞伤了
bèi diàndòng huábǎnchē zhuàngdǎo le, xiǎoxuéshēng bèi diàndòng huábǎnchē zhuàngshāng le

等等。每次听到这样的事故，妈妈都告诉我，安全最
děngděng. Měicì tīngdào zhèyàng de shìgù,　māma dōu gàosu wǒ,　ānquán zuì

重要!
zhòngyào!

滑板车 huábǎnchē 명 킥보드 | **共享** gòngxiǎng 동 함께 누리다, 공유하다 | **扫码** sǎomǎ 동 QR코드를 스캔하다 | **事故** shìgù 명 사고 | **邻居** línjū 명 이웃, 이웃집, 이웃 사람 | **倒** dǎo 동 넘어지다, 엎어지다, 쓰러지다 | **小学生** xiǎoxuéshēng 명 초등학생 | **安全** ānquán 형 안전하다

前几天天气特别冷。 我戴了暖和的手套和帽子，
Qián jǐ tiān tiānqì tèbié lěng. Wǒ dài le nuǎnhuo de shǒutào hé màozi,

没戴头盔。 "五分钟的路， 慢慢儿地骑， 不会有问题
méi dài tóukuī. "Wǔ fēnzhōng de lù, mànmānr de qí, bú huì yǒu wèntí

的。" 这时， 听到有人叫我的名字， 原来是妈妈。 我想，
de." Zhèshí, tīngdào yǒurén jiào wǒ de míngzi, yuánlái shì māma. Wǒ xiǎng,

妈妈一定会批评我， 不过她没有批评我， 只说了几句话：
māma yídìng huì pīpíng wǒ, búguò tā méiyǒu pīpíng wǒ, zhǐ shuō le jǐ jù huà:

"不戴头盔很危险！ 妈妈担心你受伤。"
"Bú dài tóukuī hěn wēixiǎn! Māma dān xīn nǐ shòu shāng."

我被妈妈的话感动了。 以后骑电动滑板车， 我一定
Wǒ bèi māma de huà gǎndòng le. Yǐhòu qí diàndòng huábǎnchē, wǒ yídìng

要戴头盔。 只有戴好头盔， 才能保护自己。
yào dài tóukuī. Zhǐyǒu dàihǎo tóukuī, cái néng bǎohù zìjǐ.

독해2 확인 학습

1. 나는 전동 킥보드를 어떻게 생각합니까?
   ① 安全 　　② 危险 　　③ 方便

2. 나는 어디에 갈 때 전동 킥보드를 이용합니까?
   ① 地铁站 　　② 邻居 　　③ 家

3. 며칠 전 날씨는 어땠습니까?
   ① 不冷 　　② 不太冷 　　③ 特别冷

戴 dài 동 (얼굴·머리·손 등에) 착용하다, 쓰다 | 手套 shǒutào 명 장갑 | 帽子 màozi 명 모자 | 头盔 tóukuī 명 헬멧 | 有人 yǒurén 명 어떤 사람, 누군가 | 批评 pīpíng 동 혼내다, 비판하다, 비평하다 | 危险 wēixiǎn 형 위험하다 | 受伤 shòu//shāng 동 상처를 입다, 부상을 당하다 受过伤 | 感动 gǎndòng 동 감동하다, 감동시키다 | 保护 bǎohù 명 동 보호(하다)

1. 피동문

중국어에서 수동자가 주어로 출현하는 문장을 '피동문'이라고 합니다. 이때 피동표지는 '被, 叫, 让'을 사용하며, 이러한 피동문은 주로 부정적인 의미를 나타냅니다.

> **S** 수동자 **+ 被/叫/让 + N** 행위자 **+ V P。**

▶ 我的自行车被人偷走了。 내 자전거는 누가 훔쳐 갔다.
　 Wǒ de zìxíngchē bèi rén tōuzǒu le.

'把'구문처럼 피동문도 동사만 단독으로 쓸 수 없고 동사 뒤에 결과보어, 상태보어 또는 상조사 '了, 过' 등 다른 부가 성분이 반드시 출현해야 합니다. 부정 형식은 피동표지 앞에 '没(有)'를 사용하여 만듭니다. 피동문의 주어는 일반적으로 말하는 사람과 듣는 사람이 이미 확실히 아는 사람이나 사물입니다.

▶ 他被老师批评过。 그는 선생님께 꾸중을 들은 적이 있다.
　 Tā bèi lǎoshī pīpíng guo.

▶ 我的手机叫人拿走了。 내 휴대폰은 누가 가져갔다.
　 Wǒ de shǒujī jiào rén názǒu le.

▶ 房间让他们打扫得很干净。 방은 그들이 깨끗하게 청소했다.
　 Fángjiān ràng tāmen dǎsǎo de hěn gānjìng.

▶ 我的自行车没(有)被别人骑走。 내 자전거는 다른 사람이 타고 가지 않았다.
　 Wǒ de zìxíngchē méi(yǒu) bèi biéren qízǒu.

▶ 他被老师叫去了办公室。 그는 선생님께 교무실로 불려 갔다.
　 Tā bèi lǎoshī jiàoqù le bàngōngshì.

偷 tōu 통 훔치다, 도둑질하다

피동표지 '被'는 행위자를 생략하고 동사 앞에 직접 사용하여 피동 의미를 나타낼 수 있지만, 피동표지 '叫'와 '让'은 행위자를 생략할 수 없습니다.

▶ 门被风关上了。(门被关上了。) 문이 바람에 닫혔다. (문이 닫혔다.)
  Mén bèi fēng guānshàng le. (Mén bèi guānshàng le.)

▶ 桌子上的书叫/让他借走了。(*桌子上的书叫/让借走了。) 책상 위의 책은 그가 빌려갔다.
  Zhuōzi shang de shū jiào/ràng tā jièzǒu le.

2. '的, 地, 得'의 용법

'的, 地, 得'는 모두 [de]로 발음하는 조사이지만, 용법은 서로 다릅니다.

관형어 + 的 + 명사

▶ 这是我的手机。 이것은 내 휴대폰이다.
  Zhè shì wǒ de shǒujī.

▶ 我戴了暖和的手套和帽子。 나는 따뜻한 장갑과 모자를 썼다.
  Wǒ dài le nuǎnhuo de shǒutào hé màozi.

부사어 + 地 + 서술어

▶ 他慢慢儿地站起来了。 그는 천천히 일어섰다.
  Tā mànmānr de zhàn qǐlái le.

▶ 孩子们都高兴地笑了。 아이들은 모두 즐겁게 웃었다.
  Háizimen dōu gāoxìng de xiào le.

서술어 + 得 + 보어

▶ 我昨天玩儿得很开心。 나는 어제 재미있게 놀았다.
  Wǒ zuótiān wánr de hěn kāixīn.

▶ 我听得懂老师的话。 나는 선생님의 말씀을 이해할 수 있다.
  Wǒ tīng de dǒng lǎoshī de huà.

站 zhàn 동 서다, 일어서다

3. '只有……, 才……'

'只有……, 才……'는 '(반드시) ~해야만, 비로소 ~하다'라는 의미를 나타냅니다.

▶ 只有做完作业，才能玩儿游戏。 숙제를 다 해야만 게임을 할 수 있다.
  Zhǐyǒu zuòwán zuòyè, cái néng wánr yóuxì.

▶ 只有运动才能让你更健康。 운동해야만 네가 더욱 건강할 수 있다.
  Zhǐyǒu yùndòng cái néng ràng nǐ gèng jiànkāng.

▶ 你只有努力学习，才能取得好成绩。 너는 열심히 공부해야만 좋은 성적을 거둘 수 있다.
  Nǐ zhǐyǒu nǔlì xuéxí, cái néng qǔdé hǎo chéngjì.

연습 문제

1. 녹음을 듣고 알맞은 답을 고르세요. 13-08

   (1) 今天早上我有课吗?

   ❶ 没有课　　　　❷ 有课　　　　❸ 不知道

   (2) 我几天前新买的东西是什么?

   ❶ 大衣　　　　❷ 雨伞　　　　❸ 衣服

2. 녹음을 듣고 질문의 답안과 일치하면 ○, 틀리면 ✕를 표시하세요. 13-09

   (1) 我的笔记本电脑被朋友借走了。

   (2) 那辆自行车叫我朋友借走了。

   (3) 你只有写完作业，才能看电视。

3. 사진을 보고 상황에 맞게 대화를 완성해 보세요.

   (1)

   A: 你的衣服怎么了?

   B: _____

   (2)

   A: 你的杯子怎么了?

   B: _____

4. 다음 문장을 중국어로 써 보세요.

(1) 코트는 내 여동생이 입고 갔다.

» _____

(2) 나는 거절당했다.

» _____

(3) 우산은 형이 가져갔다.

» _____

(4) 그는 열심히 중국어를 공부하고 있다.

» _____

(5) 너는 열심히 공부해야만 좋은 성적을 거둘 수 있다.

» _____

5. 다음 단어 및 구를 어순에 알맞게 배열해 보세요.

(1) 吃 / 他 / 被 / 光 / 了 / 。

» 我的比萨饼 _____

(2) 撞 / 了 / 被 / 伤 / 。

» 他 _____

(3) 借 / 叫 / 了 / 别人 / 走 / 。

» 那本书 _____

(4) 地 / 认真 / 看书 / 在 / 。

» 弟弟 _____

(5) 你 / 让 / 才 / 能 / 健康 / 运动 / 更 / 。

» 只有 _____

중국 문화

중국의 최대 명절, 春节

음력 1월 1일은 중국 최대 명절인 春节로 중국에서는 이날 온 가족이 함께 모여 새해 덕담을 주고받으며 한 해의 복을 기원한다. 평소 다른 지역에 사는 가족들도 이날만큼은 같이 지내야 한다는 생각이 강해 春节 연휴 전후로 민족 대이동이라 할 만큼 많은 사람이 각자 고향을 향해 이동한다.

중국인들은 새해를 맞아 복을 기원하기 위해 집안 곳곳을 장식하는데, 장식품으로는 대문 기둥 양쪽 혹은 집 문 앞에 한 해의 행운과 평안을 기원하는 문구를 써서 붙인 春联 chūnlián 이 대표적이다. 또한 복을 기원하는 의미에서 福 자를 집안 곳곳에 붙여 둔다. 재미있는 것은 이때 福 자를 거꾸로 뒤집어 붙인다는 것이다. 이는 '뒤집다'라는 의미를 가진 글자 '倒 dào'와 '복이 왔어요 (福到了 fú dào le)'에서 '오다'를 의미하는 '到 dào'의 발음이 같기 때문에, 복이 들어오기를 기원하는 마음에서 일부러 '福' 자를 크게 써서 거꾸로 붙여 두는 것이다.

✦ 年夜饭 niányèfàn

중국에서는 섣달그믐날 밤, 즉 새해가 오기 전날 밤 온 식구가 모여 年夜饭이라 부르는 저녁 식사를 한다. 지역마다 상에 올리는 요리와 조리법에는 차이가 있지만, 饺子 jiǎozi 와 鱼 yú 는 빠지지 않는 메뉴이다. 이 역시 소리가 같거나 비슷한 글자가 의미하는 바가 유사한 동음이의어 현상에서 비롯된 것이다. 饺子의 '饺 jiǎo'는 '바뀌다, 교체하다'를 의미하는 '交 jiāo'와 표기가 같으며, 밤 11시부터 새벽 1시까지 한 해가 바뀌는 시간을 가리키는 子时 zǐshí 의 '子 zǐ'는 饺子의 '子 zi'와 표기가 같다. 여기에서 기인하여 年夜饭의 饺子는 '지난 해가 가고 새해가 온다'라는 뜻을 나타내게 되었다. 생선을 뜻하는 '鱼 yú'는 '해마다 풍요롭기를 기원합니다 (年年有余 nián nián yǒu yú)'라는 새해 인사에서 '여유 있다'를 의미하는 '余 yú'와 표기 및 성조가 같다.

최근에는 春节 연휴에 고향에 내려가지 않고 거주지에서 명절을 보내는 인구가 많아졌는데, 이들을 위한 年夜饭 밀키트 제품의 인기가 급상승세를 타 春节 풍속도를 바꾸고 있다.

✦ 중국의 春节 풍습: 放鞭炮 fàng biānpào, 拜年 bài nián, 压岁钱 yāsuìqián, 春晚 Chūn Wǎn

중국인들은 春节 연휴 동안 폭죽을 터트리며 한 해의 복을 기원한다. 放鞭炮는 폭죽놀이로 중국 고대의 민간 풍습에서 비롯되어 현재까지 이어지는 전통이다. 폭죽이 크고 웅장하게 터질수록 새해의 기운이 더 좋아진다고 생각하기 때문에 많은 돈을 투자하여 폭죽을 준비하기도 한다. 심지어 한 달 월급의 몇 배에 해당하는 돈으로 폭죽을 준비하는 이들도 적지 않다고 한다. 최근 중국 정부는 안전과 대기 오염을 이유로 폭죽놀이 자제를 권고하고 있다.

한국의 세배 풍습과 마찬가지로, 중국에서도 春节 연휴 동안 어른들께 拜年하고 덕담을 주고받으며 한 해의 복을 기원한다. 拜年은 한국의 세배처럼 엎드려 절하지 않고, 공수한 상태에서 가볍게 고개를 숙인다. 중국에서는 세뱃돈을 压岁钱이라고 하며 보통 미리 준비한 현금을 红包에 담아주는데, 최근에는 微信을 통해 세뱃돈을 주고받는 경우가 늘고 있다.

이 밖에도 중국인들은 설 특집 프로그램인 春节联欢晚会 Chūnjié Liánhuān Wǎnhuì (줄여서 春晚)를 즐겨 시청한다. 매년 그믐날 저녁 8시부터 자정 넘어서까지 생방송으로 진행되는 春晚은 1983년 첫 방송을 시작으로 지금까지도 많은 중국인이 좋아하는 프로그램이다.

✦ 春节 새해 인사 표현

인사 표현	뜻
安康吉祥！Ānkāng jíxiáng!	평안하고 행운이 따르길 기원합니다!
全家幸福！Quánjiā xìngfú!	온 가족의 행복을 기원합니다!
万事如意！Wànshì rúyì!	만사형통하세요!
新年快乐！Xīnnián kuàilè!	새해 복 많이 받으세요!
心想事成！Xīnxiǎng shìchéng!	소원 성취하세요!

제14과

복습

-제8~13과-

단어 · 문장 · 주요 표현

단어 확인 학습

>> 빈칸에 알맞은 한자나 汉语拼音 또는 뜻을 채워 보세요.

제8과

	단어	汉语拼音	뜻
1		nuǎnhuo	형 따뜻하다
2		dōu	부 이미, 벌써
3		sàn//bù	동 산책하다
4		shàngqù	동 올라가다
5		yuè lái yuè	점점, 갈수록
6	实现		동 실현하다, 달성하다
7	信用卡		명 신용카드
8	别的		대 다른 것, 다른 사람
9	解释		동 해석하다, 설명하다
10	羊肉串		명 양꼬치
11	太极拳	tàijíquán	
12	拿	ná	
13	原来	yuánlái	
14	计划	jìhuà	
15	慢	màn	

제9과

	단어	汉语拼音	뜻
1		yíng	동 이기다
2		hóngsè	명 빨간색
3		héshì	형 적당하다, 알맞다

4		zhèyàng	団 이렇다, 이렇게
5		qíguài	혱 의아하다, 이상하다, 뜻밖이다
6	忘记		동 잊어버리다
7	照顾		동 돌보다, 보살펴 주다
8	意见		명 의견
9	毕业		동 졸업하다
10	参加		동 참여하다, 참석하다
11	起飞	qǐfēi	
12	生日	shēngrì	
13	聚会	jùhuì	
14	老板	lǎobǎn	
15	表演	biǎoyǎn	

제10과

	단어	汉语拼音	뜻
1		jìnbù	명 동 진보(하다), 향상(하다)
2		qiānzhèng	명 비자
3		yìzhí	부 줄곧, 내내
4		dān//xīn	동 염려하다, 걱정하다
5		jiājiào	명 가정 교사, 과외 선생님, 과외
6	国内		명 국내
7	成绩		명 성적, 성과
8	清楚		혱 분명하다, 뚜렷하다

	단어	汉语拼音	뜻
9	早就		퇴 진작, 벌써
10	出国		동 출국하다
11	初中	chūzhōng	
12	取得	qǔdé	
13	重要	zhòngyào	
14	加拿大	Jiānádà	
15	以为	yǐwéi	

제11과

	단어	汉语拼音	뜻
1		kùn	형 졸리다
2		fùmǔ	명 부모님
3		duànliàn	동 운동하다
4		yíngyǎng	명 영양
5		hánjià	명 겨울방학
6	注意		동 주의하다, 조심하다
7	轻松		형 홀가분하다, 편하다
8	阅读		동 읽다, 열람하다
9	整洁		형 깔끔하다, 깨끗하다
10	可能		퇴 아마도, 아마
11	方便面	fāngbiànmiàn	
12	聪明	cōngmíng	
13	说话	shuō//huà	

14	家务	jiāwù	
15	沙发	shāfā	

제12과

	단어	汉语拼音	뜻
1		sòng	동 배웅하다, 바래다주다
2		gǎi	동 고치다, 수정하다
3		guān	동 닫다
4		hùzhào	명 여권
5		fāxiàn	동 발견하다
6	小心		동 조심하다, 주의하다
7	帮		동 돕다, 거들어 주다
8	相信		동 믿다
9	坏		형 고장나다, 망가지다
10	停车场		명 주차장
11	虽然	suīrán	
12	空调	kōngtiáo	
13	半天	bàntiān	
14	只要	zhǐyào	
15	包	bāo	

제13과

	단어	汉语拼音	뜻
1		bēizi	명 컵, 잔
2		rènzhēn	형 진지하다, 성실하다
3		bǎohù	명 동 보호(하다)
4		xīn	형 새롭다
5		zhǐyǒu	접 ~해야만 (~하다)
6	只好		부 부득이, 할 수 없이
7	批评		동 혼내다, 비판하다, 비평하다
8	危险		형 위험하다
9	安全		형 안전하다
10	共享		동 함께 누리다, 공유하다
11	天气预报	tiānqì yùbào	
12	拒绝	jùjué	
13	撞	zhuàng	
14	伤	shāng	
15	事故	shìgù	

문장 확인 학습

>> 각 문장의 빈칸에 알맞은 한자나 汉语拼音 또는 뜻을 채워 보세요.

제8과

문장	汉语拼音	뜻
他带来了一些水果。		
你那儿周末散步的人多不多?		
中国电影越看越有意思。		
	Shān shang de fēngjǐng tài měi le, nǐmen yě shànglái ba.	
	Shíjiān dōu zhème wǎn le, nǐ huí jiā qù ba.	
	Jīnwǎn chī de yángròuchuàn fēicháng hǎochī.	

제9과

문장	汉语拼音	뜻
老师叫我回答这个问题。		
爸爸不让我这样做。		
足球比赛要开始了。		
	Nǐmen shì bu shì yào bì yè le?	
	Wǒ hòutiān jiù yào guò shēngrì le.	
	Wǒ juéde lán de gèng hǎokàn.	

제10과

문장	汉语拼音	뜻
我听不懂老师的话。		
吃饭前我们回得来。		
这个问题我理解不了，我觉得太难了。		
	Wǒ yǐwéi tā yǐjīng chū guó le, yuánlái tā hái zài guónèi.	
	Qiānzhèng hái méi(yǒu) bànhǎo.	
	Zhème duō de cài, nǐ yí ge rén chī de liǎo ma?	

제11과

문장	汉语拼音	뜻
妈妈在做菜(呢)。		
昨天晚上你打电话的时候，我正在睡觉呢。		
我一边听音乐，一边做作业。		
	Háishi shàng kǒuyǔ kè ba, huì shuō huà hěn zhòngyào.	
	Zhè jiàn yīfu yòu hǎokàn yòu piányi.	
	Tā zhèngzài gàn shénme ne?	

제12과

문장	汉语拼音	뜻
她把这本书看完了。		
我已经把晚饭做好了。		
手机找了半天也没找到。		
	Wǒ bǎ shǒujī fàngzài zhuōzi shang le.	
	Zhǐyào kànwán nà běn shū, tā jiù huì míngbai de.	
	Wǒ bǎ péngyou sòngdào dìtiězhàn le.	

제13과

문장	汉语拼音	뜻
我的笔记本电脑被朋友借走了。		
杯子被打碎了。		
那本书叫别人借走了。		
	Tā zài nǔlì de xuéxí Hànyǔ.	
	Nǐ zhǐyǒu xiěwán zuòyè, cái néng kàn diànshì.	
	Mén bèi fēng guānshàng le.	

주요 표현 확인 학습

>> 보기에서 알맞은 한자를 찾아 문장을 완성해 보세요.

제8과

보기	进　都　来　的　越　回

① 他的汉语＿＿＿＿说越好。　그는 중국어를 할수록 더 잘한다.

② 饭＿＿＿＿做好了，快吃吧！　밥이 다 되었으니, 어서 먹자!

③ 昨天买＿＿＿＿牛奶都喝完了。　어제 산 우유는 다 마셨다.

④ 他拿＿＿＿＿了一件礼物。　그가 선물 하나를 가져왔다.

⑤ 房间里很暖和，你们＿＿＿＿来吧。　방 안이 따뜻하니, 들어오세요.

⑥ 他＿＿＿＿美国去了。　그는 미국으로 돌아갔다.

제9과

보기	的　就要　叫　快　是不是　请

① 老板＿＿＿＿我谈谈自己的意见。　사장님은 나에게 의견을 좀 말해 달라고 부탁하셨다.

② 你们要毕业了，＿＿＿＿？　너희들 곧 졸업이구나. 그렇지 않니?

③ 这是我最喜欢吃＿＿＿＿。　이것은 내가 가장 좋아하는 먹거리다.

④ 老师＿＿＿＿我回答这个问题。　선생님께서는 나에게 이 문제에 대답하라고 하셨다.

⑤ 飞机＿＿＿＿起飞了。　비행기가 곧 이륙한다.

⑥ 我们下周＿＿＿＿考试了。　우리는 다음 주에 곧 시험을 본다.

제10과

보기 | 得　　以为　　不了　　好　　不　　得了

① 这么多的菜，我一个人吃_____。　　이렇게 많은 요리를 나 혼자서는 다 먹을 수 없다.

② 我_____他是中国人，原来他是韩国人。

나는 그가 중국인이라고 생각했는데, 알고 보니 그는 한국인이었다.

③ 他的病还没(有)_____。　　그의 병은 아직 낫지 않았다.

④ 吃饭前我们回_____来。　　밥 먹기 전에 우리는 돌아올 수 있다.

⑤ 我看_____清楚黑板上的字。　　나는 칠판의 글씨가 잘 안 보인다.

⑥ 这次聚会你去_____吗?　　이번 모임에 너 갈 수 있니?

제11과

보기 | 还是　　又　　寒假　　正在　　呢　　一边

① 我_____看电视呢。　　나는 지금 TV를 보는 중이다.

② 她在睡觉_____。　　그녀는 잠을 자고 있다.

③ _____买这个吧，那个有点儿大。　　역시 이걸 사는 게 좋겠어. 저건 조금 커.

④ 她又聪明_____用功。　　그녀는 똑똑하고 열심히 공부한다.

⑤ 我_____听音乐，一边做作业。　　나는 음악을 들으면서 숙제한다.

⑥ _____回来的时候，我给你做饭。　　겨울방학 때 돌아오면 내가 너한테 밥 해 줄게.

제12과

보기 | 在　没　半天　把　就　到

① 只要吃药＿＿＿＿会好的。　약만 먹으면 괜찮아질 거다.

② 我等了＿＿＿＿，他才来。　내가 한참을 기다린 후에야 그가 왔다.

③ 我还＿＿＿＿把你的房间整理好。　나는 아직 네 방을 다 정리하지 못했다.

④ 我把车开＿＿＿＿门口了。　나는 차를 문 앞까지 운전했다.

⑤ 他坐＿＿＿＿沙发上。　그는 소파에 앉았다.

⑥ 我＿＿＿＿衣服洗得很干净。　나는 옷을 깨끗하게 빨았다.

제13과

보기 | 的　走　才　地　得　被

① 门＿＿＿＿风关上了。　문이 바람에 닫혔다.

② 孩子们都开心＿＿＿＿笑着。　아이들은 모두 즐겁게 웃고 있다.

③ 我昨天玩儿＿＿＿＿很开心。　나는 어제 재미있게 놀았다.

④ 只有做完作业，＿＿＿＿能玩儿游戏。　숙제를 다 해야만 게임을 할 수 있다.

⑤ 我的手机叫人拿＿＿＿＿了。　내 휴대폰은 누가 가져갔다.

⑥ 这是我＿＿＿＿手机。　이것은 내 휴대폰이다.

독해

해석

확인 학습 &
연습 문제 & 복습

정답

제1과

독해1

며칠 전에 비가 왔는데, 비 온 후 날씨가 춥습니다. 학교의 많은 학생이 기침하고, 열이 납니다. 왕밍도 어제저녁부터 열이 나기 시작했는데, 오늘 일어난 후에도 심했습니다. 그래서 그는 병원에 진료 보러 가려고 수업에는 가지 않기로 했습니다. 의사 선생님께서는 왕밍이 감기에 걸렸지만, 큰 문제는 없다고 말했습니다. 그러고 나서 그에게 처방전을 발급해 주면서 물을 많이 마시고 푹 쉬어야 한다고 말했습니다.

독해2

감기

수요일 수업이 끝난 후, 나는 카페에 아르바이트하러 갔습니다. 그때 갑자기 비가 왔는데, 나는 우산을 가져오지 않아서 옷이 모두 젖었습니다. 퇴근하고 집에 돌아오니 머리가 조금 아픈 것 같았지만, 나는 약을 먹지 않았습니다. 잠을 잘 때 춥다고 느꼈지만, 나는 체온을 재지는 않았습니다. 그런데 열이 나는 것 같았습니다.

목요일 아침에 일어난 후에 기침하기 시작해서 나는 선생님께 병가를 신청하고 병원에 진료받으러 갔고 수업에는 가지 않았습니다. 의사 선생님께서는 진료 후 나에게 물을 많이 마시고 푹 쉬어야 한다고 말씀하셨습니다. 나는 집에 돌아온 후 약을 한 알 먹고 바로 잠을 잤습니다.

다음 날 몸이 많이 좋아졌습니다. 바깥 날씨도 무척 좋았는데, 춥지도 않고 덥지도 않았습니다. 수업을 마치고 친구와 영화를 보러 갔는데, 기분이 무척 좋았습니다!

제2과

독해1

나는 취미가 많은데, 가장 큰 취미는 외국어를 배우는 것입니다. 나는 영어를 할 줄 알고 일본어도 할 줄 압니다. 몇 달 전에 나는 또 중국어를 배우기 시작했습니다. 중국어는 발음이 너무 어려워서, 나는 매일 열심히 연습합니다. 현재 나는 간단한 일상 용어는 조금 할 수 있지만, 아직 중국어로 일기를 쓸 수는 없습니다. 그래서 나는 열심히 공부하려고 합니다. 몇 달 후에는 중국어로 일기를 쓸 수 있기를 바랍니다. 나는 또한 음악 감상, 영화 감상, 운동 등도 좋아해서 매일 무척 바쁩니다.

독해2

후안은 매일 무엇을 합니까?

후안이 중국에 유학 온 지 6개월이 되었는데, 그는 매일 생활이 바쁩니다.

그는 오전에 학교에서 중국어를 공부하는데, 수업할 때 무척 열심히 하며 늘 선생님의 질문에 첫 번째로 대답합니다.

오후에는 수업이 없지만, 그가 하는 일은 더 많습니다. 매주 월요일, 수요일, 금요일은 학교에서 서예를 배웁니다. 후안은 한자를 쓸 줄 알지만, 자신의 한자가 예쁘지 않다고 생각해서 서예 수업에서 열심히 연습합니다. 최근 그의 한자가 매우 예뻐져서, 후안은 무척 기쁩니다.

후안은 매일 중국 드라마를 보고 중국 노래를 듣습니다. 그는 중국 노래 몇 곡을 부를 줄 알지만, 그의 듣기 능력은 그다지 좋지 않아서 중국 드라마를 보는 것은 아직 어렵습니다. 후안, 파이팅!

제3과

독해1

지난 학기 내 듣기 능력은 그다지 좋지 않았습니다. 나는 선생님께서 하시는 말씀을 알아듣지 못했는데도 쑥스러워서 "다시 한번 말씀해 주세요."라고 말하지 못했습니다. 선생님의 질문에 모두 맞게 대답하지 못해서 나는 매우 속상했습니다. 여름방학 때 나는 매일 녹음을 듣고, 본문을 읽고, 한자를 썼습니다. 이번 학기에 나는 알아들을 수 있게 되었고, 선생님의 질문에 모두 맞게 대답했습니다. 지금 나는 수업하는 것이 무척 재미있게 느껴집니다.

독해2

우리 언니

여러분, 안녕하세요! 오늘 저는 여러분께 우리 언니를 소개하려 합니다. 저는 언니가 한 명 있는데, 언니는 저보다 세 살이 많고, 올해 25살입니다. 그녀는 무역회사에서 일합니다.

저는 아빠를 닮았고, 언니는 엄마를 닮았습니다. 제 피부는 좀 까맣고, 언니의 피부는 저보다 하얗습니다. 언니의 키도 저보다 큽니다. 우리는 성격도 다른데, 저는 조금 덜렁대지만, 언니는 아주 꼼꼼합니다.

제가 기분이 안 좋을 때 언니를 찾아가 수다를 떠는데, 수다를 떨고 나면 기분이 좋아집니다. 때때로 언니가 제게 회사 일을 들려주기도 하는데, 정말 재미있습니다.

언니 회사가 집에서 꽤 멀어서, 6개월 전에 언니는 회사 근처로 이사했습니다. 우리는 이제 자주 만나지는 못해서, 저는 매일 언니가 정말 보고 싶습니다. 저는 우리 언니를 정말 사랑합니다!

제4과

독해1

어제 나는 후안과 앨렌의 콘서트에 갔습니다. 콘서트는 저녁 8시에 시작하지만, 우리는 오후 2시에 이미 갔습니다. 콘서트 시작 전 팬들은 함께 노래하고 춤추며 신나게 놀았습니다. 콘서트는 정말 멋졌는데, 앨렌은 노래도 굉장히 잘하고 춤도 정말 잘 췄습니다. 콘서트는 새벽 1시가 되어서야 끝났지만, 우리는 조금도 피곤하지 않았습니다. 만약 그가 매년 중국에 와서 콘서트를 한다면, 얼마나 좋을까요!

독해2

사랑하는 엄마께

사랑하는 엄마, 잘 지내세요? 건강은 어떠세요?

제가 중국에 온 지 6개월이 되었네요. 저는 여기에서 잘 지내고 있어요. 지금은 밥하기, 청소, 빨래 등등 모든 일들을 저 혼자서 할 수 있어요. 이제 저는 요리를 잘해서, 친구들이 다들 맛있다고 해요. 다음에 집에 돌아가면 엄마께 해드릴게요. 전 피곤할 때는 배달 음식을 주문하는데, 배달이 빨리 와서 무척 편리해요.

참! 제 방도 깨끗하게 청소해요. 예전에 저는 청소하는 것을 제일 싫어했는데, 엄마는 종종 제게 "봐라, 네 방이 얼마나 더러운지!"라고 말씀하셨지요. 지금은 달라져서 매일 방 청소를 해요.

예전에는 엄마가 깨워야 겨우 일어났는데, 이제는 매일 6시 반에 바로 일어나서는 달리기하러 나가요. 아침밥을 먹은 후에는 바로 수업하러 가고요. 엄마, 보세요, 저 다 컸죠?

엄마, 저는 엄마가 너무 보고 싶어요. 엄마가 건강하시고 행복하시길 바라요. 사랑해요!

사랑하는 아들 올림

제5과

독해1

이번 주에는 3일을 쉴 수 있어서, 나는 중국 친구 리리를 만나러 톈진에 갈 예정입니다. 나는 일어나자마자 짐을 챙긴 후에 학교에 수업을 들으러 갔습니다. 오늘은 6시간 동안 수업을 들었지만, 피곤하지 않고 즐거웠습니다.

수업이 끝나자마자 기차역으로 달려가서, 1시간 동안 기차를 타고 톈진에 도착했습니다. 기차역을 나가자마자 리리가 거기서 나를 기다리고 있는 것을 보고 나는 얼른 그녀를 향해 달려갔습니다.

독해2

건국 기념일

건국 기념일에 일주일을 쉬어서, 엄마 아빠가 베이징에 나를 보러 오셨습니다. 나는 1시간 동안 지하철을 타고 공항에 도착했고, 공항에서 그들을 30분 동안 더 기다렸습니다. 나는 엄마 아빠를 보자마자 무척 신이 났습니다. 그들의 짐은 많았습니다. "짐이 정말 많네요!" "모두 다 너 주려고 가져온 거야. 이 트렁크 2개가 40kg이란다." "우리 택시 타러 가요. (택시 정류장은) 여기서 멀지 않아요, 대략 200m 정도 될 거예요."

집에 도착하자마자 엄마는 바로 트렁크를 열었습니다. 옷, 먹을 것……모두 내가 좋아하는 것들이었습니다. 우리는 2시간 동안 쉬었습니다. 그러고 나서 나는 부모님을 모시고 훠궈를 먹으러 갔는데, 거기서 우리는 40분 동안 기다렸습니다. 훠궈는 무척 맛있었고, 엄마 아빠는 모두 아주 좋아하셨습니다. 그들은 모두 피곤해서인지, 돌아오자마자 잠이 드셨습니다.

우리는 많은 곳에 갔습니다. 엄마 아빠는 이허위엔을 가장 좋아하셨는데, 우리는 거기서 네다섯 시간 동안 놀았습니다. 우리는 맛있는 것도 많이 먹었습니다. 요 며칠 동안 우리는 정말 즐겁게 보냈습니다.

제6과

독해1

나는 중국에 두 번 와 봤습니다. 첫 번째는 엄마 아빠께서 나를 데리고 왔습니다. 그들은 우리가 만리장성에 가봤고, 게다가 천안문과 자금성도 가봤다고 말했습니다. 하지만 그때 나는 겨우 6살이었고, 너무 어려서 기억이 별로 없습니다. 두 번째는 고등학교 때 선생님, 친구들과 함께 왔습니다. 난징에서 우리는 중국 학생들과 함께 공부하고 생활하며 일주일을 보냈는데, 무척 재미있었습니다. 나는 아직 상하이에 안 가봤는데, 나중에 기회가 생기면 꼭 상하이에 갈 것입니다.

독해2

빵

장옌은 빵 먹는 것을 정말 좋아해서, 베이징에서 가장 유명한 빵이라면 모두 맛보려고 합니다. 그녀는 많은 곳에 가서 빵을 먹어봤는데, 어떤 곳은 2시간 동안 차를 타야 하는 곳도 있었습니다. 그녀는 매번 빵 사진을 찍고, 빵의 맛을 기록한 다음, SNS에 올렸습니다. 친구들은 모두 그녀가 왜 이렇게 빵을 좋아하는지 몰랐는데, 장옌 자신조차도 왜 그런지 이유를 몰랐습니다.

장옌은 두 번 아르바이트했었는데, 두 번 모두 빵집에서 일했습니다. 최근 그녀는 또 제빵 기술을 배우기 시작했습니다. 그녀는 매주 월요일, 수요일, 금요일에는 제빵 기술을 배우고, 주말에는 맛있는 빵집을 찾아 다니느라 매우 바빠서 쉴 시간도 없습니다. 그녀가 만든 빵은 친구들 모두 맛있다고 하고, 선생님까지 맛있다고 합니다.

최근 장옌은 빵도 만들고, 커피도 마시고, 가족이나 친구와 함께 수다 떠는 것이 가장 행복한 삶이 아닐까 하는 생각을 해보았습니다. 그래서 그녀는 제빵 기술을 잘 배워서, 나중에 맛있는 빵집을 개업할 생각입니다.

제8과

독해1

주말에 나는 톰과 함께 등산을 갔습니다. 막 시작했을 때 나는 빨리 올라갔지만, 점점 힘들어지고 나의 배낭도 무거워졌습니다. 그러나 톰은 오를수록 빨라지더니 내게 "빨리 올라와! 너 너무 느려!"라고 말했습니다. 그는 먼저 정상에 도착해서는 "빨리 올라와. 여기 경치 정말 아름다워!"라고 말했습니다. 나는 올라간 뒤에 그에게 "너 어쩜 그렇게 빨리 오르는 거야?"라고 물었습니다. 알고 보니 그는 과일만 조금 가지고 왔던 것입니다. 그렇지만 내 배낭에는 물, 빵, 초콜릿 등이 있었습니다……

독해2

새해 계획

시간이 참 빠릅니다. 이제 벌써 11월이 되었네요. 여러분 올해 새해 계획은 모두 이루셨나요?

왕밍은 올해 매주 세 번 운동할 계획이었습니다. 1월에 그는 자주 운동했지만, 지금은 운동하지 않습니다. 그래서 그는 내일부터 운동하러 갈 생각입니다. 그의 집

근처에 작은 공원이 하나 있는데, 그곳에는 산책하는 사람들이 많습니다. 그는 매일 그곳에 달리거나 산책하러 갈 계획입니다. 그런데, 지금 10시가 되었는데도 왕밍은 아직 일어나지 않았습니다.

박지민은 올해 기타를 배우기 시작했습니다. 그런데 6개월을 배웠는데도, 아직 잘 치지를 못합니다. 그는 배울수록 자신이 없고, 배울수록 재미가 없었습니다. 그를 가르치는 선생님께서는 그에게 "천천히 하세요. 내년에는 분명 점점 더 좋아질 거예요."라고 말씀하셨습니다.

톰은 매일 밤 기숙사에 돌아온 후, 컴퓨터 앞에 앉아 중국 드라마를 봅니다. 알아듣는 것이 점점 많아지니, 드라마도 볼수록 재미있어졌습니다.

제9과

독해1

오늘 축구 경기가 있어서 김윤서는 친구들을 자기 집으로 불러 함께 경기를 보려고 합니다. 그들은 오늘 한국팀이 승리할 수 있길 바랍니다. 윤서는 친구에게 맥주 몇 병을 사 오라 하고, 자기는 다른 것을 준비합니다. 그녀는 수업이 끝나자마자 물건을 사러 갔고, 두건 몇 개를 샀는데 두건은 당연히 빨간색이었습니다. 집에 돌아온 후, 그녀는 또 프라이드치킨을 주문했습니다. 이제 친구들도 다 왔고 치킨도 배달되었고, 축구 경기가 곧 시작하려고 합니다. 한국팀, 파이팅!

독해2

10살 생일

나는 모레면 21살 생일을 지내게 됩니다. 매년 생일을 지낼 때면, 나는 늘 10살 때 생일이 생각납니다.

매번 생일을 보내기 전에 엄마 아빠는 내가 갖고 싶은 선물이 뭔지 물으신 후에 사서 내게 주셨습니다. 그런데 10살이 되던 그해 그들은 내게 묻지 않았습니다. 나는 이상하다고 생각하여 아빠께 "제가 뭘 갖고 싶은지 안 물어보세요?"라고 여쭸습니다. 아빠께서는 "올해는 네가 친구 몇 명에게 집에 오라고 하겠다고 해서 우리가 동의했잖니. 그게 바로 선물이란다. 그렇지 않니?"라고 말씀하셨습니다.

생일날, 친한 친구 몇 명이 우리 집에 왔는데, 그들은 선물을 많이 가지고 왔고 나는 무척 좋았습니다. 그러나 엄마 아빠 선물을 못 받아서 나는 조금 속상했습니다. 그때, 아빠가 큰 상자를 하나 가져오셨고, 내가 상자를 열었더니, 와! 강아지 한 마리였습니다! 아빠께서는 "우리 아들 이제 10살이네. 다 컸으니 이 강아지 잘 돌볼 수

있겠다. 그렇지 않니?"라고 말씀하셨습니다. 나는 신이
나서 "제가 꼭 잘 돌봐줄게요!"라고 말했습니다.

그날 우리는 강아지와 같이 놀았는데, 정말 재미있었
습니다! 그해 생일을 나는 영원히 잊지 못할 것입니다.

제10과

독해1

중학교에 다닐 때, 나는 수학 공부하는 것을 매우 좋
아했습니다. 고등학교에 입학한 후, 나는 수학이 너무 어
렵게 느껴졌습니다. 가끔 선생님께서 설명하시는 것을
알아듣지 못했는데, 알아듣지 못할수록 더 자신이 없어
졌습니다. 그러자 엄마가 내게 과외 선생님 한 분을 소
개해 주셨습니다. 그는 설명을 정말 잘하셨는데, 나한
테 수학을 잘하려면 먼저 이해를 하고 그다음에 연습하
라고 알려주셨습니다. 나는 그에게 배운 지 몇 달이 지
나자, 예전에 알아듣지 못하던 것들을 알아들을 수 있게
되었고, 이해하지 못하는 것도 점점 줄어들었습니다. 시
험에서 좋은 성적을 받으니, 더욱 자신감이 생겼습니다.

독해2

건강이 제일

나는 중국에 온 지 거의 1년이 되어 갑니다. 중국어는
많이 늘었는데, 영어는 많이 잊어버렸습니다. 미국 친구
가 영어로 말할 때면 나는 알아들을 수 있지만, 말을 할
수는 없습니다. 어떡해야 할까요?

맞다! 고등학교 친구 한 명이 캐나다로 유학을 갔으
니, 그녀의 조언을 좀 들어봐야겠네요. 나는 그녀에게 문
자 메시지를 보냈습니다. "너 거기서 잘 지내니?" "나 이
미 귀국했어." "너 1년 간다고 해서 나는 네가 아직 캐나
다에 있는 줄 알았는데, 너 이미 돌아왔구나. 거기서 공
부하는 건 어땠어?" "영어는 정말 빨리 늘었어. 두세 달
지나니까 알아듣지 못하던 것들도 천천히 알아들을 수
있게 되더라." "그럼 너 왜 이렇게 일찍 돌아왔어?" "다
른 건 다 좋았는데, 나는 줄곧 먹는 게 익숙해지지 않더
라. 기숙사에서는 밥을 할 수가 없어서 어떤 땐 먹고, 어
떤 땐 안 먹고 하다 보니 몸이 점점 안 좋아졌어."

예전에 내가 가장 걱정했던 것은 중국어를 제대로 배
우지 못하고, 영어도 제대로 배우지 못하는 것이었습니
다. 그런데 지금 생각해 보니 가장 중요한 것은 건강인
것 같습니다. 건강이 제일이지요!

제11과

독해1

일주일 중 어느 요일을 가장 좋아하세요? 나는 그래
도 금요일이 가장 행복한 것 같습니다. 금요일에는 회화,
독해 등 많은 수업이 있지만, 그래도 주말에 이틀간의
휴식 시간이 있다고 생각하면 홀가분하고 행복합니다.
금요일 저녁에 나는 공부하지 않습니다. 때로는 집에서
맛있는 것을 먹으며 영화를 보기도 하고, 때로는 친구와
만나서 커피를 마시며 수다를 떨기도 합니다. 매일 매일
이 이런 주말이라면 얼마나 좋을까요!

독해2

집 생각

김윤서의 집은 학교에서 그다지 멀지 않은데, 차를 타
면 대략 20분 정도 걸립니다. 날씨가 좋을 때면 그녀는
자전거를 타고 학교에 가는데, 운동도 하고 경치도 볼
수 있습니다.

수업이 없을 때, 김윤서는 자주 집에서 음악을 들으면
서 집안일을 합니다. 그녀는 집안일을 다 하고 나면 소
파에 앉아 맥주를 마시며 영화를 보는데, 정말 행복하다
고 생각합니다.

그런데 오늘 수업을 마치고 집에 돌아오니, 그녀는 피
곤하고 졸렸습니다. 그녀는 갑자기 집 생각이 무척 나서
바로 엄마에게 전화를 걸었습니다. "엄마, 뭐 하고 계세
요?" "나는 저녁밥 하면서 네 생각 하고 있었지. 너 밥은
먹었니 안 먹었니?" "아직 안 먹었어요. 나도 엄마가 한
음식 먹고 싶어요." "그래도 엄마가 만든 음식이 제일 맛
있지?" "맞아요. 맛도 있고, 영양가도 있고요." "겨울방
학 때 돌아오면 엄마가 해 줄게. 저녁 잘 챙겨 먹고, 몸
조심하고, 공부 열심히 해!"

전화를 끊고 나서 윤서는 저녁밥 준비를 시작합니다.
그녀는 저녁을 준비하면서 생각합니다. 혼자 있는 것이
편하지만, 그래도 부모님과 함께 있는 것이 가장 행복하
다고.

제12과

독해1

저녁에 숙제하려고 하는데, 책이 없어진 것을 발견했
습니다. 나는 한참 동안 찾았지만, 찾지 못했습니다. 나
는 펜과 노트를 가방에 넣고, 책을 또 다른 가방에 넣었
던 것이 갑자기 생각났습니다. 지하철에서 내릴 때, 나
는 그 가방을 지하철에 두고 내렸습니다. 지하철을 타기

만 하면, 나는 지하철 칸 차량 번호를 외워둡니다. 그래서 내일 나는 전화를 하려고 하는데, 내 책을 찾을 수 있기를 바랍니다.

독해2

덜렁이

부모님은 자주 내게 물건을 잘 두라고 말씀하시지만, 나는 수시로 물건을 잃어버려서, 식구들 모두 나를 '덜렁이'라고 부릅니다. 더 이상한 건 내가 늘 물건을 망가뜨린다는 것입니다. 내가 사용했던 물건은 늘 문제가 생깁니다.

내가 형의 옷을 입을 때면 그는 자주 걱정하며 "옷 더럽히지 않도록 조심해!"라고 말합니다. 형의 물건을 사용할 때도 형은 "그거 망가뜨리지 않도록 조심해!"라고 자주 말합니다.

한 번은 아빠가 새 휴대폰을 사셨길래 내가 좀 보려고 하다가 실수로 휴대폰을 바닥에 떨어뜨렸습니다. 비록 휴대폰에는 별문제가 없었지만, 아빠는 그래도 조금 안타까워하셨습니다.

며칠 전에 나는 운전면허를 땄는데, 아빠는 내가 운전 연습하는 것을 도와주셨습니다. 내가 아빠께 "제가 아빠 차를 고장 내면 어떡하죠?"라고 여쭙자, 아빠는 웃으며 "차가 고장 나면 네가 아빠한테 한 대 사주렴! 아빠만 믿으면 문제없을 거란다!"라고 말씀하셨습니다.

제13과

독해1

오늘은 아침에 수업이 없어서 나는 꽤 늦게 일어났습니다. 일어났을 때, 내 여동생은 이미 수업을 들으러 갔습니다. 일기예보에서 오늘 비가 오고 바람도 분다고 하길래, 나는 며칠 전에 새로 산 코트를 입으려고 했습니다. 어? 코트가 어디 갔지? 틀림없이 여동생이 입고 갔을 거예요! 나는 어쩔 수 없이 다른 옷을 입을 수밖에 없었습니다. 어? 내 우산은 또 어디 갔지? 우산도 분명 여동생이 가져갔을 거예요. 동생아! 너 모르니? 다른 사람의 물건은 다른 사람이 허락해야만 가져갈 수 있는 거야!

독해2

전동 킥보드

요즘은 공유 전동 킥보드가 많아서, QR코드만 찍으면 바로 탈 수 있습니다. 나는 전동 킥보드가 무척 편리하다고 생각합니다. 그래서 매번 집에서 지하철역까지 나는 늘 전동 킥보드를 탑니다.

전동 킥보드를 타는 사람들이 많아지면서 사고도 잦아졌습니다. 이웃집 할머니가 전동 킥보드에 부딪혀 넘어진 사건이며, 초등학생이 전동 킥보드에 부딪혀 다친 사건 등등. 매번 이런 사고 소식을 들을 때마다 엄마는 내게 안전이 제일 중요하다고 말씀하십니다.

며칠 전에는 날씨가 유난히 추웠습니다. 나는 따뜻한 장갑과 모자를 써서 헬멧을 쓰지 않았습니다. "5분 거리니, 천천히 타면 별문제 없을 거야." 이때, 누군가가 내 이름을 부르는 소리가 들렸는데, 알고 보니 엄마였습니다. 엄마가 분명 나를 혼낼 거라고 생각했지만, 그녀는 나를 혼내지 않고 몇 마디만 하셨습니다. "헬멧을 안 쓰면 위험해! 엄마는 네가 다칠까 봐 걱정된단다."

나는 엄마의 말에 감동했습니다. 앞으로 전동 킥보드를 탈 때, 나는 꼭 헬멧을 쓸 것입니다. 헬멧을 잘 써야만 나 자신을 보호할 수 있을 것입니다.

제1과

독해1 확인 학습

1. ③　　　　2. ②

독해2 확인 학습

1. ②　　　　2. ③　　　　3. ①

연습 문제

1. (1) ②　　　　(2) ①

> 듣기 내용
>
> 　　前几天下雨了，下雨后天气很冷。学校很多同学咳嗽、发烧。王明也从昨天晚上开始发烧，今天起床后也很严重，所以他要去医院看病，不去上课了。医生说王明感冒了，但是没有什么大问题，然后给他开了药方，告诉他要多喝水、多休息。

2. (1) ✕　　　　(2) ✕　　　　(3) ◯

> 듣기 내용
>
> (1) A: 你怎么了？
> 　　B: 我头疼了。
> (2) A: 你今天要去上课吗？
> 　　B: 我今天不去上课了。
> (3) A: 你身体怎么样？
> 　　B: 我身体好多了。

3. (1) 医生开了几个药方？
　　(2) 我没(有)吃早饭。

4. (1) 我发烧了。
　　(2) 我今天不去上课了。
　　(3) 我饿死了。
　　(4) 你今天喝了几瓶水？
　　(5) 今天天气好极了。

5. (1) 前几天下雨了。
　　(2) 你们下课了没有？
　　(3) 我昨天看了那部电影。
　　(4) 我吃了药，就去睡觉了。
　　(5) 我现在累死了。

제2과

독해1 확인 학습

1. ①　　　　2. ②

독해2 확인 학습

1. ①　　　　2. ③　　　　3. ②

연습 문제

1. (1) ③　　　　(2) ②

> 듣기 내용
>
> 　　我有很多爱好，最大的爱好是学习外语。我会说英语，还会说日语，几个月前我又开始学习汉语。汉语发音挺难的，所以我每天都努力练习。现在我能说一些简单的日常用语，但还不能用汉语写日记。所以我要努力学习，希望几个月后能用汉语写日记。我还喜欢听音乐、看电影、运动等，所以我每天都挺忙的。

2. (1) ✕　　　　(2) ◯　　　　(3) ◯

> 듣기 내용
>
> (1) A: 你会不会说英语？
> 　　B: 我不会说英语，可是我会说汉语。
> (2) A: 你会打篮球吗？
> 　　B: 我会打篮球，还会踢足球。
> (3) A: 你能不能吃麻辣烫？
> 　　B: 我不爱吃辣的，不能吃麻辣烫。

3. (1) 现在能不能进去？
　　(2) 你能不能去上课？

4. (1) 你会不会开车？
　　(2) 我会说英语，还会说日语。
　　(3) 明天你能来吗？
　　(4) 这个菜很好吃。
　　(5) 这件衣服挺漂亮的。

5. (1) 现在我不能用汉语写日记。
　　(2) 他会唱几首中文歌。
　　(3) 我会唱歌，还会跳舞。/
　　　　我会跳舞，还会唱歌。
　　(4) 我每天都挺忙的。
　　(5) 这个游戏不好玩儿。

독해1 확인 학습

1. ②   2. ①

독해2 확인 학습

1. ②   2. ①   3. ③

연습 문제

1. (1) ②   (2) ②

듣기 내용

上个学期，我的听力不太好。我没听懂老师说的话，也不好意思说："请您再说一遍。"老师的问题，都没有回答对，我非常伤心。暑假时我每天听录音、读课文、写汉字。这个学期，我能听懂了，老师的问题我都回答对了。现在我觉得上课可有意思了。

2. (1) ○   (2) ○   (3) ✕

듣기 내용

(1) A: 你找到你的手机了吗？
　　B: 我找到了我的手机。
(2) A: 你的笔记本电脑修好了吗？
　　B: 我的笔记本电脑还没修好。
(3) A: 这个汉字你写对了吗？
　　B: 这个汉字我写对了。

3. (1) 我哥哥比我更高。
　 (2) 你作业写完了吗？

4. (1) 我买到了那本书。
　 (2) 我的学生证还没(有)办好。
　 (3) 这个生词我没(有)念对，(我)念错了。
　 (4) 他个子很高，他比我高十厘米。
　 (5) 这个苹果可甜了！

5. (1) 我看到了你的微信。
　 (2) 我的自行车还没放好。
　 (3) 这个问题我没有回答对，我回答错了。
　 (4) 今天天气很冷，今天比昨天更冷。
　 (5) 北京的冬天可冷了！

독해1 확인 학습

1. ③   2. ①

독해2 확인 학습

1. ①   2. ②   3. ②

연습 문제

1. (1) ①   (2) ①

듣기 내용

昨天我和胡安去了阿伦的演唱会。演唱会晚上八点开始，但是我们下午两点就去了。演唱会开始前，粉丝们一起唱歌、跳舞，玩儿得很开心！演唱会特别精彩，阿伦歌唱得特别好，舞也跳得特别好。演唱会凌晨一点才结束，但是我们一点儿也不累。如果他每年都来中国开演唱会，那多好啊！

2. (1) ○   (2) ✕   (3) ○

듣기 내용

(1) A: 她说汉语说得怎么样？
　　B: 她说汉语说得很好。
(2) A: 你昨天玩儿得怎么样？
　　B: 我昨天玩儿得很开心。
(3) A: 今天天气怎么样？
　　B: 你看，今天天气多好啊！

3. (1) 你周末过得怎么样？
　 (2) 我做菜做得很好。/
　　　我菜做得很好。/
　　　菜我做得很好。

4. (1) 她今天来得很早。
　 (2) 她唱歌唱得很好。/
　　　她歌唱得很好。
　 (3) 汉语他说得很流利。
　 (4) 九点考试，他十点才来。
　 (5) 这孩子多可爱啊！

5. (1) 李老师今天讲得很好。
　 (2) 她写汉字写得很好。
　 (3) 汉字他写得很好看。
　 (4) 九点上课，他十点才来。
　 (5) 那里的风景多美啊！

독해1 확인 학습

1. ③　　　　2. ②

독해2 확인 학습

1. ①　　　　2. ②　　　　3. ③

연습 문제

1. (1) ②　　　　(2) ③

듣기 내용

　　这周可以休息三天，所以我打算去天津看中国朋友李丽。我一起床就收拾好行李，然后去学校上课。今天上了六个小时的课，可是我不觉得累，我很开心。
　　一下课我就跑去了火车站，坐了一个小时的火车到了天津。一出火车站就看到李丽在那里等我，我马上向她跑去。

2. (1) ○　　　　(2) ○　　　　(3) ✕

듣기 내용

(1) A: 你学汉语学了多长时间?
　　 B: 我学汉语学了六个月。
(2) A: 你等了他多长时间?
　　 B: 我等了他三十分钟。
(3) A: 这些东西有多重?
　　 B: 这些东西有二十公斤。

3. (1) 我工作了八个小时。
　 (2) 你家离学校(有)多远?

4. (1) 我们休息了两个小时。
　 (2) 我等了他们三十分钟/半个小时。
　 (3) 这两个箱子(有)40公斤。
　 (4) 他们一回来就睡觉了。
　 (5) 我坐火车坐了一个小时。/
　　　 我坐了一个小时的火车。

5. (1) 国庆节休息一个星期。
　 (2) 我看电视看了一个晚上。
　 (3) 你养了它多长时间?
　 (4) 这些行李有多重?
　 (5) 她一说我就明白了。

독해1 확인 학습

1. ②　　　　2. ③

독해2 확인 학습

1. ①　　　　2. ②　　　　3. ③

연습 문제

1. (1) ②　　　　(2) ②

듣기 내용

　　我来过两次中国。第一次是爸爸妈妈带我来的。他们说，我们去过长城，还去过天安门、故宫。不过那时我才六岁，太小，没有什么印象。第二次是高中时和学校老师同学们一起来的。在南京，我们和中国的同学们一起学习、生活过一个星期，很有意思。我还没去过上海，以后有机会，我一定要去上海。

2. (1) ✕　　　　(2) ✕　　　　(3) ○

듣기 내용

(1) A: 你看过京剧没有?
　　 B: 我从来没(有)看过京剧。
(2) A: 这部电影你看过几遍?
　　 B: 这部电影我看过一遍。
(3) A: 你有什么事吗? 好像不太高兴?
　　 B: 我最近工作特别忙，现在连周末都没有了。

3. (1) 我(从来)没(有)吃过北京烤鸭。
　 (2) 现在连一分钱也没有了。

4. (1) 我去过一次北京。/
　　　 我去过北京一次。
　 (2) 这本小说你读/看过几遍?
　 (3) 我尝一尝，好吗/好不好/行吗/行不行?
　 (4) 她想和朋友喝喝咖啡、聊聊天。
　 (5) 连我自己也不知道为什么。

5. (1) 小时候我去过香港。
　 (2) 我还没喝过白酒。
　 (3) 我可以看一看吗?
　 (4) 请您等一下儿，好吗?
　 (5) 现在连吃饭的时间也没有了。

단어 확인 학습

제1과

1. 感冒
2. 请假
3. 雨伞
4. 心情
5. 检查

6. kāi
7. tūrán
8. gàosu
9. yánzhòng
10. suǒyǐ

11. 극히, 아주, 몹시 성질이나 상태를 나타내는 형용사나 동사의 뒤에 붙여 그 정도가 심함을 나타냄
12. 동 아르바이트하다
13. 동 신청하다, 지원하다, 등록하다
14. 동 열이 나다
15. 동 진찰/진료하다(받다)

제2과

1. 为什么
2. 简单
3. 足球
4. 开车
5. 希望

6. fāyīn
7. búcuò
8. piàoliang
9. zǒngshì
10. liànxí

11. 전동차 전기를 주전력으로 사용하는 모든 운송기구를 총칭
12. 동 춤추다
13. 접 그러나, 하지만
14. 부 더욱, 더
15. 명동 대답(하다)

제3과

1. 礼物
2. 生词
3. 暑假
4. 学期
5. 粗心

6. zhǔnbèi
7. shìqing
8. xìnggé
9. yíyàng
10. shāngxīn

11. 동 이사하다, 옮기다
12. 형 틀리다, 맞지 않다
13. 명 겨울

14. 동 완성하다, 끝나다
15. 형 세심하다, 주의 깊다

제4과

1. 跑步
2. 结束
3. 精彩
4. 健康
5. 以前

6. kě'ài
7. zāng
8. kāi//huì
9. língchén
10. xìngfú

11. 형 편리하다
12. 형 유창하다
13. 명 배달 음식
14. 형 유쾌하다, 즐겁다
15. 부 이제서야, ~에야 비로소

제5과

1. 出租车
2. 箱子
3. 病
4. 马上
5. 习惯

6. shōushi
7. dǎsuàn
8. dǎkāi
9. jīchǎng
10. huǒguō

11. 명 장소, 곳
12. 부 아마, 대개
13. 동 모시다, 수행하다
14. 명 여행짐, 수화물
15. 양 킬로그램(kg) 무게를 재는 단위

제6과

1. 曾经
2. 印象
3. 网站
4. 机会
5. 游览

6. diǎn//tóu
7. yídìng
8. wèidao
9. hǎohāor
10. yǒumíng

11. 동 쓰다, 소비하다
12. 고유 홍콩
13. 동 잃다, 잃어버리다
14. 부 지금까지, 여태껏
15. 부 마치, 아마 (~인 것 같다)

제1과

- Wǒ gǎnmào le.

  나는 감기에 걸렸다.

- Wǒ jīntiān bú qù shàng kè le.

  나는 오늘 수업 들으러 안 갈 거다.

- Wǒ chī le yí piàn yào.

  나는 약을 한 알 먹었다.

- 我没(有)吃药。

  나는 약을 먹지 않았다.

- 他/她喝了三瓶水。

  그/그녀는 물을 세 병 마셨다.

- 他/她今天高兴极了。

  그/그녀는 오늘 몹시 기뻤다(기쁘다).

제2과

- Nǐ huì bu huì shuō Hànyǔ?

  너 중국어 할 줄 아니 모르니?

- Wǒ huì shuō Hànyǔ, hái huì xiě Hànzì.

  나는 중국어를 할 줄 알고, 한자도 쓸 줄 안다.

- Wǒ gāng kāishǐ xué Hànyǔ, bù néng yòng Hànyǔ xiě rìjì.

  나는 막 중국어를 배우기 시작해서, 중국어로 일기를 쓸 수 없다.

- 现在不能进去，一会儿就可以进去了。

  지금은 들어갈 수 없고, 잠시 뒤에 들어갈 수 있습니다.

- 开车很好学。

  운전은 배울 만하다.

- 这件衣服挺漂亮的。

  이 옷은 매우 예쁘다.

제3과

- Wǒ tīngdǒng le lǎoshī de huà.

  나는 선생님의 말씀을 듣고 이해했다.

- Wǒ zhǎodào le wǒ de shǒujī.

  나는 내 휴대폰을 찾았다.

- Wǒ de bǐjìběn diànnǎo hái méi xiūhǎo.

  내 노트북은 아직 수리가 다 안 됐다.

- 这个问题我没有回答对，我回答错了。

  이 문제를 나는 맞게 대답하지 못했고, 틀렸다.

- 他/她学习很努力，他/她比我更努力。

  그/그녀는 열심히 공부한다. 그/그녀는 나보다 더 열심히 공부한다.

- 那里的风景可美了！

  그곳의 풍경은 정말 아름답다!

제4과

- Wǒ zuótiān wánr de hěn kāixīn.

  나는 어제 재미있게 놀았다.

- Tā shuō Hànyǔ shuō de hěn hǎo.

  그녀는 중국어를 잘한다.

- Zhōngguócài tā zuò de hěn hǎo.

  중국 요리를 그는 잘한다.

- 他/她今天来得不晚。

  그/그녀는 오늘 늦게 오지 않았다.

- 九点开会，他/她八点就来了。

  9시에 회의를 하는데, 그/그녀는 8시에 이미 왔다.

- 今天天气多好啊！

  오늘 날씨는 얼마나 좋은가!(정말 좋아!)

제5과

- Wǒ gōngzuò le bā ge xiǎoshí.

  나는 8시간 동안 일했다.

- Wǒ xué Hànyǔ xué le liù ge yuè.

  나는 중국어를 6개월 동안 배웠다.

- Wǒ zuò le liǎng ge xiǎoshí (de) huǒchē.

  나는 2시간 동안 기차를 탔다.

- 我等了他/她三十分钟。

  나는 그/그녀를 30분 동안 기다렸다.

- 这些东西(有)多重？

  이 물건들은 무게가 얼마나 됩니까?

- 我一起床就去跑步。

  나는 일어나자마자 바로 달리기하러 간다.

제6과

- Wǒ céngjīng qù guo Shànghǎi.

  나는 이전에 상하이에 가봤다.

- Wǒ cónglái méi(yǒu) yóulǎn guo Chángchéng.

  나는 지금까지 만리장성을 여행한 적이 없다.

- Wǒ lái guo liǎng cì Zhōngguó.

  나는 중국에 두 번 와봤다.

- 这首歌我听过两遍。

  이 노래를 나는 두 번 들어봤다.

- 我尝一尝，行吗？

  내가 좀 맛볼게요, 괜찮나요?

- 我最近工作特别忙，现在连周末都没有了。

  나는 요즘 일이 너무 바빠서, 지금은 주말도 없다.

주요 표현 확인 학습

제1과

① 了　　　　　　　② 不
③ 两个　　　　　　④ 极了
⑤ 多了　　　　　　⑥ 没(有)

제2과

① 还　　　　　　　② 会
③ 能　　　　　　　④ 好玩儿
⑤ 挺　　　　　　　⑥ 不能

제3과

① 懂　　　　　　　② 没(有)
③ 比　　　　　　　④ 可
⑤ 到　　　　　　　⑥ 完

제4과

① 得　　　　　　　② 不太
③ 才　　　　　　　④ 多
⑤ 就　　　　　　　⑥ 很

제5과

① 三天　　　　　　② 一会儿
③ 多　　　　　　　④ 就
⑤ 远　　　　　　　⑥ 一些

제6과

① 曾经　　　　　　② 遍
③ 没有　　　　　　④ 连
⑤ 从来　　　　　　⑥ 行吗

독해 1 확인 학습

1. ②　　　　　　　2. ③

독해 2 확인 학습

1. ③　　　　　2. ①　　　　　3. ③

연습 문제

1. (1) ②　　　　　(2) ①

듣기 내용

　　周末我和汤姆一起去爬山。刚开始，我爬得很快，但越来越累，我的背包也越来越重。可是汤姆越爬越快，他对我说：“快上来啊！你太慢了！”他先到了山顶，“快上来吧！这里的风景太美了！”我爬上去后，问他：“你怎么爬得那么快？”原来他只带来了一些水果，可是我的背包里有水、面包、巧克力……

2. (1) ○　　　　　(2) ✕　　　　　(3) ○

듣기 내용

(1) A: 他带来了什么？

　　B: 他带来了一些水果。

(2) A: 你那儿周末散步的人多不多？

　　B: 我这儿周末散步的人不多。

(3) A: 中国电影有意思吗？

　　B: 中国电影越看越有意思。

3. (1) 汉语有意思吗？

　　(2) 这儿周末打太极拳的人很多。

4. (1) 上课了，你们进去吧。

　　(2) 他买来了两瓶啤酒。

　　(3) 我这儿周末打太极拳的人不多。

　　(4) 同学们都走了，我们也回去吧。

　　(5) 这部电影越看越有意思。

5. (1) 房间里很暖和，你们进来吧。

　　(2) 他借来了一本书。

　　(3) 我这儿周末打篮球的人不多。

　　(4) 现在都十二点了，王明还没到。

　　(5) 英语越学越有意思。

제9과

독해 1 확인 학습

1. ②　　　　2. ①

독해 2 확인 학습

1. ③　　　　2. ②　　　　3. ①

연습 문제

1. (1) ③　　　　(2) ①

> 듣기 내용
>
> 　今天有足球比赛，金允瑞叫朋友们来她家一起看比赛，他们希望今天韩国队能赢。允瑞让朋友买几瓶啤酒，自己准备其他东西。她一下课就去买东西，她买了几条头巾，头巾当然是红色的。回家后，她又点了炸鸡。现在，朋友们都来了，炸鸡也送来了，足球比赛马上就要开始了。韩国队，加油！

2. (1) ✕　　　　(2) ◯　　　　(3) ✕

> 듣기 내용
>
> (1) A: 妈妈让你做什么？
> 　B: 妈妈让我去超市买东西。
> (2) A: 谁不让你这样做？
> 　B: 爸爸不让我这样做。
> (3) A: 你是不是要过生日了？
> 　B: 是，我后天就要过生日了。

3. (1) 你们什么时候考试？
　(2) 她请我吃饭。

4. (1) 他们请我唱一首歌。
　(2) 大夫没(有)让我吃这种药。
　(3) 飞机要起飞了。/
　　飞机快(要)起飞了。/
　　飞机就要起飞了。
　(4) 你们要毕业了，是不是？/
　　你们快(要)毕业了，是不是？/
　　你们就要毕业了，是不是？
　(5) 我觉得蓝的更好看。

5. (1) 足球比赛马上就要开始了。
　(2) 他们没请我参加聚会。
　(3) 我的手机快没电了。
　(4) 火车5分钟后就要开了。
　(5) 这是我最喜欢吃的。

제10과

독해 1 확인 학습

1. ③　　　　2. ③

독해 2 확인 학습

1. ②　　　　2. ②　　　　3. ①

연습 문제

1. (1) ②　　　　(2) ②

> 듣기 내용
>
> 　上初中的时候，我很喜欢学数学。上高中后，我觉得数学太难了。有时老师讲的我听不懂，越听不懂，越没信心，所以妈妈给我请了一位家教。他讲得非常好，告诉我想学好数学，要先理解再练习。我跟他学了几个月后，以前听不懂的能听懂了，理解不了的也越来越少了。考试取得了好成绩，更有信心了。

2. (1) ◯　　　　(2) ✕　　　　(3) ◯

> 듣기 내용
>
> (1) A: 你能修好我的笔记本电脑吗？
> 　B: 你的笔记本电脑我能修得好。
> (2) A: 吃饭前你们回得来回不来？
> 　B: 吃饭前我们回不来。
> (3) A: 他是李丽的男朋友，是不是？
> 　B: 我以为他是李丽的男朋友，原来他是李丽的哥哥。

3. (1) 六点以前你起得来起不来？
　(2) 这个问题我理解不了。

4. (1) 我听得懂他们说的话。
　(2) 我看不清楚黑板上的字。
　(3) 学校网站进不去，怎么办？
　(4) 我以为你还在加拿大，原来你已经回来了。
　(5) 这件事他还不知道。

5. (1) 英语我听得懂，但是说不出来。
　(2) 学校宿舍里做不了饭。
　(3) 这么多的菜，你一个人吃得了吗？
　(4) 我以为他是中国人，原来他是韩国人。/
　　我以为他是韩国人，原来他是中国人。
　(5) 我还没做完作业。

독해1 확인 학습

1. ①   2. ③

독해 2 확인 학습

1. ②   2. ②   3. ③

연습 문제

1. (1) ②   (2) ③

듣기 내용

　　一个星期中你最喜欢哪一天？我觉得还是周五最幸福。周五有口语、阅读等很多课，但想一想周末有两天的休息时间，觉得又轻松又幸福。周五晚上我不学习，有时在家一边吃好吃的东西，一边看电影；有时跟朋友见面，一边喝咖啡，一边聊天。如果每天都是这样的周末，那多好啊！

2. (1) ✕   (2) ○   (3) ○

듣기 내용

(1) A: 你在干什么呢？
　　B: 我在看电影呢。
(2) A: 你打算买这个还是那个？
　　B: 还是买这个吧，那个有点儿大。
(3) A: 他的房间怎么样？
　　B: 他的房间又干净又整洁。

3. (1) 我在做菜(呢)。 / 我在做饭(呢)。
　 (2) 这个手机怎么样？

4. (1) 她在弹吉他。
　 (2) 昨天晚上妈妈回来的时候，我正在看电视呢。
　 (3) 我一边玩游戏，一边吃方便面。
　 (4) 我现在又累又饿。
　 (5) 还是上午见吧，下午我有事。

5. (1) 他在打电话呢。
　 (2) 昨天晚上你敲门的时候，我正在洗澡呢。
　 (3) 我一边唱歌，一边跳舞。 /
　　　我一边跳舞，一边唱歌。
　 (4) 这件衣服又好看又便宜。 /
　　　这件衣服又便宜又好看。
　 (5) 还是买这个吧，那个有点儿大。 /
　　　还是买那个吧，这个有点儿大。

독해1 확인 학습

1. ②   2. ③

독해 2 확인 학습

1. ②   2. ③   3. ②

연습 문제

1. (1) ②   (2) ③

듣기 내용

　　晚上要做作业的时候，发现书不见了。我找了半天也没找到。突然想起来，我把笔和本子放在一个包里，把书放在另一个包里了。下地铁的时候，我把那个包忘在车上了。我只要坐地铁，就记下地铁车厢的号码。所以明天我要打电话，希望能找到我的书。

2. (1) ✕   (2) ○   (3) ○

듣기 내용

(1) A: 她把这本书看完了吗？
　　B: 她把这本书看完了。
(2) A: 手机找到了吗？
　　B: 找了半天也没找到。
(3) A: 她还不明白怎么办？
　　B: 只要看完那本书，她就会明白的。

3. (1) 我把手机放在桌子上了。
　 (2) 他把车开到停车场了。

4. (1) 哥哥把门关上了。
　 (2) 我已经把昨天的作业写完了。
　 (3) 我把朋友送到地铁站了。
　 (4) 他说的听了半天也没听懂。
　 (5) 只要你不参加，我就会赢的。

5. (1) 他把护照带来了。
　 (2) 我已经把水果洗干净了。
　 (3) 我把那本书忘在车上了。
　 (4) 那部电影看了半天也没看懂。
　 (5) 只要你给他打电话，他就会过来的。

제13과

독해 1 확인 학습

1. ③ 2. ②

독해 2 확인 학습

1. ③ 2. ① 3. ③

연습 문제

1. (1) ① (2) ①

듣기 내용

今天早上没有课，所以我起得比较晚。起床时，我妹妹已经去上课了。天气预报说今天有雨又有风，所以我打算穿几天前新买的大衣。咦？大衣去哪儿了？一定是被妹妹穿走了！我只好穿了另一件衣服。咦？我的雨伞又去哪儿了？雨伞也一定是叫妹妹拿走了！妹妹啊，你不知道吗？别人的东西只有别人同意后才能拿啊！

2. (1) ○ (2) × (3) ○

듣기 내용

(1) A: 你的笔记本电脑怎么了？
　　B: 我的笔记本电脑被朋友借走了。
(2) A: 那辆自行车叫谁借走了？
　　B: 那辆自行车叫我妹妹借走了。
(3) A: 妈，我能看电视吗？
　　B: 你只有写完作业，才能看电视。

3. (1) 我的衣服被(雨)淋湿了。
　 (2) 我的杯子被(人)打碎了。

4. (1) 大衣被我妹妹穿走了。
　 (2) 我被拒绝了。
　 (3) 雨伞被/叫/让哥哥拿走了。
　 (4) 他在努力地学习汉语。
　 (5) 你只有努力学习，才能取得好成绩。

5. (1) 我的比萨饼被他吃光了。
　 (2) 他被撞伤了。
　 (3) 那本书叫别人借走了。
　 (4) 弟弟在认真地看书。
　 (5) 只有运动才能让你更健康。

제14과

단어 확인 학습

제8과

1. 暖和 2. 都
3. 散步 4. 上去
5 越来越

6. shíxiàn 7. xìnyòngkǎ
8. biéde 9. jiěshì
10. yángròuchuàn

11. 몡 태극권
12. 동 (손에) 쥐다, 가지다
13. 부 알고 보니
14. 몡 동 계획(하다)
15. 형 느리다

제9과

1. 赢 2. 红色
3. 合适 4. 这样
5. 奇怪

6. wàngjì 7. zhàogù
8. yìjiàn 9. bì//yè
10. cānjiā

11. 동 이륙하다, 날아오르다
12. 몡 생일
13. 몡 모임
14. 몡 주인, 사장
15. 몡 동 상연(하다), 연기(하다)

제10과

1. 进步 2. 签证
3. 一直 4. 担心
5. 家教

6. guónèi 7. chéngjì
8. qīngchu 9. zǎojiù
10. chū//guó

11. 몡 중학교
12. 동 획득하다, 취득하다, 얻다
13. 형 중요하다
14. 고유 캐나다
15. 동 ~인 줄 알다, 생각하다

제11과

1. 困
2. 父母
3. 锻炼
4. 营养
5. 寒假

6. zhùyì
7. qīngsōng
8. yuèdú
9. zhěngjié
10. kěnéng

11. 명 라면
12. 형 똑똑하다, 영리하다
13. 동 말하다, 이야기하다
14. 명 집안일
15. 명 소파

제12과

1. 送
2. 改
3. 关
4. 护照
5. 发现

6. xiǎoxīn
7. bāng
8. xiāngxìn
9. huài
10. tíngchēchǎng

11. 접 비록 ～일지라도, 비록 ～하지만
12. 명 에어컨
13. 명 반나절, 한참 동안
14. 접 ～하기만 하면
15. 명 가방

제13과

1. 杯子
2. 认真
3. 保护
4. 新
5. 只有

6. zhǐhǎo
7. pīpíng
8. wēixiǎn
9. ānquán
10. gòngxiǎng

11. 일기예보
12. 동 거절하다
13. 동 부딪치다, 충돌하다
14. 동 상하다, 다치다, 해롭다
15. 명 사고

제8과

- Tā dàilái le yì xiē shuǐguǒ.
  그가 과일을 좀 가져왔다.

- Nǐ nàr zhōumò sàn bù de rén duō bu duō?
  네가 있는 그곳은 주말에 산책하는 사람이 많니 안 많니?

- Zhōngguó diànyǐng yuè kàn yuè yǒu yìsi.
  중국 영화는 볼수록 재미있다.

- 山上的风景太美了，你们也上来吧。
  산의 풍경이 너무 아름다워요. 여러분도 올라오세요.

- 时间都这么晚了，你回家去吧。
  시간이 이렇게 늦었으니, 너는 귀가하렴.

- 今晚吃的羊肉串非常好吃。
  오늘 저녁에 먹은 양꼬치는 아주 맛있었다.

제9과

- Lǎoshī jiào wǒ huídá zhè ge wèntí.
  선생님께서 내게 이 문제에 대답하라고 하셨다.

- Bàba bú ràng wǒ zhèyàng zuò.
  아빠는 내가 이렇게 하는 것을 허락하시지 않는다.

- Zúqiú bǐsài yào kāishǐ le.
  축구 경기가 곧 시작한다.

- 你们是不是要毕业了？
  너희들 곧 졸업하는 거 아니니?

- 我后天就要过生日了。
  나는 모레면 생일이다.

- 我觉得蓝的更好看。
  나는 파란 것이 더 예쁜 것 같다.

제10과

- Wǒ tīng bu dǒng lǎoshī de huà.
  나는 선생님의 말씀을 알아들을 수 없다.

- Chī fàn qián wǒmen huí de lái.
  밥 먹기 전에 우리는 돌아올 수 있다.

- Zhè ge wèntí wǒ lǐjiě bu liǎo, wǒ juéde tài nán le.
  이 문제를 나는 이해할 수 없다. 너무 어려운 것 같다.

- 我以为他/她已经出国了，原来他/她还在国内。
  나는 그/그녀가 이미 출국한 줄 알았는데, 알고 보니

그/그녀는 아직 국내에 있었다.

- 签证还没(有)办好。
  비자가 아직 발급되지 않았다.

- 这么多的菜，你一个人吃得了吗?
  이렇게 많은 요리를 너 혼자서 다 먹을 수 있니?

제11과

- Māma zài zuò cài (ne).
  엄마는 요리를 하고 있다.

- Zuótiān wǎnshang nǐ dǎ diànhuà de shíhou,
  wǒ zhèngzài shuì jiào ne.
  어제저녁에 네가 전화했을 때, 나는 자고 있었다.

- Wǒ yìbiān tīng yīnyuè, yìbiān zuò zuòyè.
  나는 음악을 들으면서 숙제한다.

- 还是上口语课吧，会说话很重要。
  그냥 회화 수업을 듣자. 말을 할 줄 아는 것이 중요하다.

- 这件衣服又好看又便宜。
  이 옷은 예쁘고 저렴하다.

- 他/她正在干什么呢?
  그/그녀는 뭐 하고 있니?

제12과

- Tā bǎ zhè běn shū kànwán le.
  그녀는 이 책을 다 읽었다.

- Wǒ yǐjīng bǎ wǎnfàn zuòhǎo le.
  나는 이미 저녁밥을 다 했다.

- Shǒujī zhǎo le bàntiān yě méi zhǎodào.
  휴대폰을 한참 동안 찾았지만 못 찾았다.

- 我把手机放在桌子上了。
  나는 휴대폰을 책상 위에 두었다.

- 只要看完那本书，他/她就会明白的。
  그 책을 다 보기만 하면, 그/그녀는 이해할 것이다.

- 我把朋友送到地铁站了。
  나는 친구를 지하철역까지 바래다주었다.

제13과

- Wǒ de bǐjìběn diànnǎo bèi péngyou jièzǒu le.
  내 노트북은 친구가 빌려갔다.

- Bēizi bèi dǎsuì le.
  컵이 깨졌다.

- Nà běn shū jiào biéren jièzǒu le.
  그 책은 다른 사람이 빌려 갔다.

- 他/她在努力地学习汉语。
  그/그녀는 열심히 중국어를 공부하고 있다.

- 你只有写完作业，才能看电视。
  너는 숙제를 다 해야만 TV를 볼 수 있다.

- 门被风关上了。
  문이 바람에 닫혔다.

주요 표현 확인 학습

제8과

① 越	② 都
③ 的	④ 来
⑤ 进	⑥ 回

제9과

① 请	② 是不是
③ 的	④ 叫
⑤ 快	⑥ 就要

제10과

① 不了	② 以为
③ 好	④ 得
⑤ 不	⑥ 得了

제11과

① 正在	② 呢
③ 还是	④ 又
⑤ 一边	⑥ 寒假

제12과

① 就	② 半天
③ 没	④ 到
⑤ 在	⑥ 把

제13과

① 被	② 地
③ 得	④ 才
⑤ 走	⑥ 的

memo

memo